Lexique thématique

de l'arabe pratique

Lexique thématique

de l'arabe pratique

JOYCE ÅKESSON

Pallas Athena Distribution

Lund

2017

Lexique thématique de l'arabe pratique

© 2017 Pallas Athena Distribution

Cette oeuvre est protégée par le droit d'auteur et strictement réservée à l'usage privé du client. Toute reproduction ou diffusion au profit de tiers, à titre gratuit ou onéreux, de toute ou partie de cette oeuvre, est strictement interdite et constitue une contrefaçon sanctionnée par les articles L 335-2 et suivants du Code de la propriété intellectuelle.

Dépôt légal: 2017

Conception couverture: Joyce Åkesson

Imprimé au États-Unis

ISBN: 978-91-981223-9-8

Encore par Joyce Åkesson

A Vocabulary of Arabic in Daily Life, Pallas Athena Distribution, Feb 13, 2014.

A Dictionary of Economics, English - Arabic, Pallas Athena Distribution, June 2013.

Arabic Proverbs and Wise Sayings, Pallas Athena Distribution, Dec. 2011.

Causes and Principles in Arabic, Pallas Athena Distribution, June 2011.

A Study of Arabic Phonology, Pallas Athena Distribution, August 2010.

The Basics & Intricacies of Arabic Morphology, Pallas Athena Distribution, July 2010.

The Phonological Changes due to the Hamza and Weak Consonant in Arabic, Pallas Athena Distribution, April 2010.

A Study of the Assimilation and Substitution in Arabic, Pallas Athena Distribution, March 2010.

The Essentials of the Class of the Strong Verb in Arabic, Pallas Athena Distribution, January 2010

The Complexity of the Irregular Verbal and Nominal Forms & the Phonological Changes in Arabic, Pallas Athena Distribution, April 2009.

Arabic Morphology and Phonology: Based on the Marāḥ al-Arwāḥ by Aḥmad b. ᶜAlī b. Masᶜūd, Studies in Semitic Languages and Linguistics, Brill Academic Publishers, July 2001.

Aḥmad b. ᶜAlī b. Masᶜūd on Arabic Morphology, Marāḥ al-Arwāḥ, Part 1: The Strong Verb, Studia Orientalia Lundensia, Vol. 4, Brill Academic Publishers, October 1990.

Poésie

Majnūn Leyla: Poems about Passion, Pallas Athena Distribution, December 2009.

The Invitation, Pallas Athena Distribution, July 2009.

Love's Thrilling Dimensions, Pallas Athena Distribution, Pallas Athena Distribution, February 2009.

Arabic Love Poetry from the Desert, Pallas Athena Distribution, Feb 2012.

TABLE DES MATIÈRES

Préface   V

1. L'être, la famille, la parenté, les relations, l'humanité
   الشخص، الأسرة، القرابة، العلاقات، الإنسانيّة   1

2. Le corps, les maladies, les soins médicaux
   الجسم، المرض، الرعاية الطبّيّة   4

3. Les aliments, la cuisine
   الطعام، الطبخ   14

4. À la maison, les pièces, les meubles, les outils
   في المنزل، الغرف، الأثاث، الأدوات   25

5. Les vêtements, les bijoux, l'apparence physique,
   les couleurs

   الملابس، المجوهرات، المظهر، الألوان   30

6. Le temps, les fêtes, l'heure

   الزمن، العطلات، الوقت   34

7. À l'extérieur, la ville, l'architecture, les lieux,
   les bâtiments, les véhicules, les transports,
   le tourisme, les événements

   في الخارج، المدينة، الهندسة المعماريّة، الأماكن ، المباني، المركبات،
   النقل، السياحة، الأحداث   39

8. Les hobbies, les sports, les activités de loisir

   الهوايات، الرياضة، الأنشطة الترفيهيّة   43

9. Études, écoles, grades, activités, profession

   الدراسات، المدارس، الدرجات، النشاطات ، المهنة   47

10. L'art, les impressions

                                        56   الفن، الإنطباع

11. La police, les crimes

                                        63   الشرطة، الجرائم

12. La migration

                                        66   الهجرة

13. La politique, les organisations, les religions, les communautés, l'élection

    77   السياسة، المنظّمات، الأديان، المجتمعات، الانتخابات

14. Les médias

                                        88   وسائل الإعلام

15. La guerre

                                        96   الحرب

17. L'économie

104 الإقتصاد

18. Les émotions, les traits de caractère

113 العواطف، الصفات

Préface

Le lexique thématique de l'arabe pratique contient les mots essentiels qui aident le lecteur à construire sa langue de manière méthodique. Il est pratique et accessible et présente des listes thématiques de mots et d'expressions clés du français et de l'arabe ayant pour but d'apporter un ensemble de connaissances essentielles. Le livre est divisé en thèmes tels que l'être, l'humanité, le corps, les maladies, les soins médicaux, les aliments, la cuisine, la maison, les vêtements, l'apparence physique, le temps, l'extérieur, la ville, les activités de loisir, les études, les professions, l'art, la police, la migration, la politique, les organisations, les religions, les médias, la guerre, l'économie, les émotions et les traits de caractère.

Le livre est particulièrement intéressant et utile à ceux qui ont une certaine connaissance de la langue arabe et qui veulent trouver l'essentiel du vocabulaire sous une forme compacte ainsi qu'aux passionnés de la langue qui veulent approfondir leurs connaissances linguistiques.

1. L'être, la famille, la parenté, les relations, l'humanité

الشخص، الأسرة، القرابة، العلاقات، الإنسانيّة

adolescent مراهق
adulte بالغ - راشد
âge عمر - سن
avoir des enfants أنجب ينجب إنجاب
beau-fils صهر ج أصهار
beau-frère (frère de l'époux) سلف ج أسلاف
beau-frère (mari des sœurs) عديل ج عدائل
beau-père حما ج أحماء - نسيب ج أنسباء
bébé طفل رضيع ج أطفال رضاع
belle-fille كنة ج كنائن
belle-mère حماة ج حموات
belle-sœur سلفة
célibataire أعزب
civilisation حضارة ج حضارات
contrat de mariage عقد زواج
cousin, cousine ابن عم - بنت عم - إبن عمة - إبن خال - إبن خالة
culture ثقافة ج ثقافات
demander la main de quelqu'un en mariage طلب يطلب يد
deuxième sexe الجنس اللطيف - الجنس الناعم
dialecte لهجة ج لهجات

جد ج جدود grand-père	طلق يطلق divorcer, divorce
كبر يكبر grandir, vieillir	تطليق - طلاق
عادة ج عادات habitude	حامل enceinte
رجل ج رجال homme	طفل ج أطفال enfant
إنسان humain	مطلق - ex-mari, ex-femme
فرد ج أفراد individuel	مطلقة
صغير ج صغار jeune, petit	عائلة ج عائلات - أسرة famille
شابّة ج jeune femme, fille	ج أسر
شابّات - فتاة ج فتيات	إمرأة - زوجة ج زوجات femme
jeune garçon, jeune homme	خطوبة fiançailles
فتى ج فتيان - شاب ج شبّان	fiancé, fiancée, être fiancé
تؤام ج توائم jumeau	خطيب - خطيبة - مخطوب - مخطوبة
شعب gens d'un pays, peuple	إبنة - بنت ج بنات - صبية ج fille
ج شعوب	صبايا
شهر عسل lune de miel	إبن ج أبناء - نجل ج أنجال fils
زوج ج أزواج mari	أخ ج إخوة - شقيق ج أشقّاء frère
زفاف - عرس ج mariage	ولد ج أولاد - صبيّ garçon, fils
أعراس - زواج - نكاح	ج صبيان
عريس marié	جدّة ج جدّات grand-mère
عروس ج عرائس mariée	

mineur قاصر	أجناس
mère أم ج أمهات - والدة	sexe fort الجنس الخشن
neveu, nièce ابن اخ - إبن اخت - بنت اخ - بنت اخت	société, communauté مجتمع ج مجتمعات
nuit de noces ليلة الدخلة	soeur أخت ج أخوات
oncle maternel خال ج أخوال	tante maternelle خالة ج خالات
oncle paternel عم ج عموم	tante paternelle عمة ج عمات
orphelin يتيم ج يتامى	tradition تقليد ج تقاليد
parents, famille أهل	tribu قبيلة ج قبائل
personne شخص ج أشخاص	veuf, veuve أرمل - أرملة ج أرامل
personne dans les statistiques نسمة ج نسمات	vie حياة ج حيوات
personnes ناس	vieux كبير ج كبار السن
petit-enfant حفيد ج أحفاد	
père, papa أب ج آباء - والد	
proche قريب ج أقرباء	
se marier تزوّج يتزوّج	
se séparer إنفصل ينفصل إنفصال	
sexe, race humaine جنس ج	

2. Le corps, les maladies, les soins médicaux

الجسم، المرض، الرعاية الطبّيّة

abdomen	بطن (ج) بطون
AIDS	الإيدز (نقض المناعة المكتسبة)
aisselle	إبط ج آباط
allergie (à)	حساسيّة من
ambulance	إسعاف ج إسعافات
améliorer	تحسن يتحسن
amputation	بتر
amygdales	لوزتان - لوز
anesthésie	تخدير
antibiotique	مضاد حيوي
appendice	زائدة (ج) زوائد دوديّة
arteosclérose	تصلّب الشاريين
arthrite	إلتهاب المفصل
artère	شريان (ج) شرايين
asthme	ربو
audience	سمع
autisme	توحّد
autopsie	تشريح
avant-bras	ساعد (ج) سواعد
aveugle	أعمى - عمياء
avortement, fausse-couche	اجهاض
bâiller, bâillement	تثاؤب - يتثاءب (تثاؤب)
bandage, dressage	ضماد
barbe	لحية ج لحى
bas	سفلي
beau	وسيم
beauté	جمال
belle	جميل

bénin (en référence aux tumeurs, etc.) من النوع الحميد
béquille (ج) عكّاز عكازات
blesser, avoir de la douleur ألم يألم - وجع يوجع
blessure جرح ج جروح
bouche فم (ج) افواه بق (ج) بقاق
bouclé مجعد
bouillir دمل (ج) دمامل
bras ذراع (ج) اذرع
bras cassé ذراع مكسور
bronchite التهاب الشعب الهوائيّة
brûler حرق ج حروق
brûlures d'estomac حموضة
buste, poitrine ثدي ج أثداء
caillot جلطة (ج) جلطات
caillot de cerveau جلطة دماغية
cancer مرض السرطان
cassé (bras) مكسور (ذراع)

casser كسر يكسر
cerveau دماغ (ج) ادمغة
chauve أصلع
cheveux شعر
cheville كاحل ج كواحل
chimiothérapie علاج كيميائي
coeur قلب ج قلوب
(coeur) transplantation زرع (القلب)
coupe de cheveux قصّ الشعر
chirurgie جراحة
chirurgie plastique الجراحة التجميليّة
chirurgien جرّاح ج جرّاحون
choc صدمة (ج) صدمات
chronique مزمن
cicatrice ندبة ج أنداب
cils رمش ج رموش
cinq sens, sens حاسة - الحواس الخمسة

cirrhose تليّف	couper (ex. cheveux) - قص يقص
clavicule ترقوة (ج) تراق	coups de soleil حرق الشمس
clinique عيادة ج عيادات	court قصير ج قصار
coffre صدر (ج) صدور	crampes d'estomac التشنّج في المعدة
colon قولون ج قولونات	
colonne vertébrale العمود الشوكي	crâne جمجمة (ج) جماجم
	crème مرهم ج مراهم
colorer (par exemple les cheveux) صبغ يصبغ	crise cardiaque أزمة قلبيّة
	côte ضلع ج ضلوع
coma غيبوبة	cuisse فخذ ج أفخاذ
constipation امساك	degré درجة ج درجات
contagieux معد	dent سن (ج) اسنان
contusion كدم يكدم - كدمة ج كدمات	dentiste طبيب الأسنان
	désinfectant (ج) مطهّر مطهّرات
cornée قرنية	
corps جسم ج أجسام	diabète مرض السكر
cou رقبة ج رقاب	diagnostiquer شخّص يشخّص
coude مرفق ج مرافق	diarrhée إسهال
coupe قطع ج قطوع	docteur طبيب (ج) أطباء
coupe de cheveux قصّ الشعر	

doigt, orteil إصبع ج أصابع	entorser, fouler لوى يلوي
doigt d'anneau (ج) بنصر ج بناصر	estomac معدة (ج) معد
doigt du milieu وسطى ج وسط	examen médical فحص ج فحوص
dos ظهر ج ظهور	examiner فحص يفحص
dose (par exemple de médicament) (ج) جرعة ج جرعات	face وجه (ج) وجوه
	faible ضعيف (ج) ضعفاء
douleur وجع ج أوجاع - ألم ج آلام	fausse-couche إجهاض
	fermer les yeux - غمّض يغمّض (غموض) عينيه
écouter استمع - يستمع (استماع) إلى	fesses ردفان
enceinte حامل	fièvre حمى (ج) حميات
épais خشن - سميك	foie كبد (ج) كبود
épaule كتف (ج) اكتاف	fonte, attelle جبيرة (ج) جبائر
épilepsie صرع	fort قوي (ج) أقوياء
éternuer, éternuements عطس يعطس - عطسة	froid بارد - رشح - زكام
	front جبين (ج) جبن
entendre سمع - يسمع	gaze شاش
	gencive لثة
	genou ركبة (ج) ركب

غدة (ج) غدد glande	فواق hoquet
مقلة (ج) مقل globe oculaire العين	ورم - تضخّم houle
	hypertension artérielle ارتفاع ضغط الدم
ورم (ج) gonflement, tumeur أورام	
	hystérectomie استئصال الرحم
حنجرة (ج) حناجر gorge	مستشفى (ج) مستشفيات hôpital
التذوّق - ذاق يذوق goût	سبابة (ج) سبابات index
طويل (ج) طوال grand	indigestion عسر هضم - سواء الهضم
دهنيّ - سمين - تخين gras	
grattement, éraflure خدش (ج) خدوش	infection عدوى
	ممرّض (ج) infirmière ممرّضون
grippe aviaire إنفلونزا الطيور	
gros سمين - تخين	inflammation, infection إلتهاب
grossesse حمل	injecter حقن يحقن
grossier خشن	injection حقن - إبرة ج إبر
guérir une maladie شفى يشفي	insomnie أرق
hanche ورك	intestin grêle الأمعاء الدقيقة
handicapé ملغي - معاق	intestin gros الأمعاء الغليظة
handicapé mental متخلّف عقليًا	iris قزحية - سواد العين

jambe رجل (ج) ارجل	الزور
joint articulé مفصل ج مفاصل	médecin طبيب ج أطباء - عقار
joue خد (ج) خدود	ج عقاقير
lacération, déchirure تمزق	médecine الطب
langue لسان (ج) السنة	médicaments دواء (ج) أدوية
lentille عدسة (ج) عدسات العين	méningite الحمّى الشوكيّة
lèpre جذام	menton ذقن (ج) ذقون
leucémie سرطان الدم	mesure قاس يقيس
lèvre شفّة (ج) شفاه - (ج) شفايف	mince نحيف - رفيع
liposuccion عملية شفط الدهون	moche بشع - وحش
mâchoire فك (ج) فكوك	moelle osseuse نخاع (ج) نخع
magnifique (beauté) جميل (جمال)	العظم
	mordre عضّ يعضّ
main يد (ج) ايد	moustache شارب (ج) شوارب
mal de tête صداع	muscle عضلة (ج) عضلات
malade مريض (ج) مرضى	narine منخار (ج) مناخير
malin (en référence aux tumeurs, etc.) من النوع الخبيث	nausée غثيان
	nez أنف (ج) انوف - مناخير
mamelon حلمة (ج) حلمات	nez bouché أنف مزكّم
maux de gorge إلتهاب في	nombril سرة (ج) سرر

nuque قفا ج أقفية	pellicule قشرة
odeur الشمّ - شمّ يشمّ	perruque شعر مستعار
oeil عين (ج) عيون	petit doigt خنصر ج خناصر
œsophage مرئ (ج) امرائة	pharmacie (ج) صيدليّة صيدليّات
ongle, ongle de pied ظفر ج أظفار	pied قدم (ج) اقدام
opération عمليّة (ج) عمليّات	pierre de rein (ج) حصوة حصيات الكلي
oreille أذن ج آذان - ودن ج ودان	pilule قرص (ج) اقراص
os عظم (ج) عظام	piqure, morsure قرص يقرص - قرصة ج قرصات
ostéoporose هشاشة العظام	
pancréas بنكرياس	plâtre بلاستر
paralysé مشلول	plier ثنى - يثني (ثني)
partie, membre, organe عضو (ج) اعضاء	poignet رسغ ج أرساغ
patient مريض ج مرضى	poing قبضة (ج) قبضات اليد
paume راحة (ج) راحات اليد	points de suture (م) غرز غرزة
paupière جفن (ج) جفون	
peau جلد (ج) جلود	poitrine صدر ج صدور
peigne مشط يمشط	pouce, gros orteil إبهام ج أباهيم
peigner مشط - يمشط (تمشيط)	

poumon رئه (ج) رئات	se raser حلق - يحلق (حلق | حلاقة)
prescription وصفة ج وصفات	sentir شعر يشعر - شمّ - يشمّ (شم)
prescrire وصف يصف	
pression artérielle ضغط الدم	sirop شراب (ج) اشربة
prévention de وقاية من	soins infirmiers التمريض
pupille بؤبؤ - بؤبؤ العين	souffle نفس (ج) أنفاس
radiographie اشعّة (اكس)	sourd أطرش طرشاء ج طرش
raser حلق يحلق	stériliser عقم يعقم
regarder نظر - ينظر (نظر) إلى	stéthoscope سمّاعة (ج) سمّاعات
rein كلية (ج) كلى	
respirer تنفس - يتنفس (تنفس)	supérieur علوي
rétine شبكيّة العين	symptôme عرض (ج) أعراض
ronfler شخر - يشخر (شخير)	système circulatoire الجهاز الدوري
saigner نزف ينزف	
sain سليم ج سلماء	système de reproduction الجهاز التناسلي
saisir مسك - يمسك (مسك)	
salive لعاب	système digestif الجهاز الهضمي
sang دم (ج) دماء	
santé صحة	système immunitaire الجهاز
sauter قفز - يقفز (قفز)	

اللمس ـ لمس ـ يلمس toucher (لمس)	المناعة
سعل يسعل سعال toux	système nerveux الجهاز العصبي
عالج traiter une maladie يعالج	système respiratoire الجهاز التنفّسي
زرع القلب transplantation cardiaque	sec جاف
مرض السل tuberculose	قرص (ج) اقراص tablette
ورم ج أورام tumeur, gonflement	نمش taches de rousseur
طبلة (ج) طبلات ـ طبل الاذن ـ طبلة الودن tympan	خصر ج خصور taille
لقاح vaccin	عقب (ج) اعقاب talon
جديري الماء varicelle	وشم (ج) وشوم tatouage
عرق (ج) عروق veine	صبغ ـ teindre (ex. cheveux) يصبغ (صبغ)
وريد (ج) ورد veine jugulaire	صبغة teinture
دوخة vertige	درجة الحرارة température
مثانة (ج) مثانات vessie	صدغ (ج) اصداغ temple
رأى ـ يرى (رؤية) voir	رأس (ج) رؤوس tête
قىء ـ تقيّؤ vomissements	مقياس (ج) مقاييس الحرارة thermomètre
	مرض يمرض tomber malade

vomit تقيّاً يتقيّاً - إستفرغ يستفرغ
vue البصر

3. Les aliments, la cuisine
الطعام، الطبخ

abats أحشاء
abricot مشمش
affamé جائع ج جياع
agneau لحم الخروف - لحم حمل
aiglefin حدوق
aigre حامض
ail ثوم
ajouter أضاف يضيف
alcool خمر
aliments مأكولات
aliments en conserve et surgelés مأكولات معلّبة ومجمّدة
aliments pour le petit-déjeuner أطعمة الفطور
amandes لوز
amère مرّ
ananas أناناس
anchois بلم
aneth شبت
appétit شهيّة
artichaut خرشوف ج خراشيف
assaisonnement de maison خلطة توابل بسيطة
aubergine باذنجان
augmenter تخمّر يتخمّر
autres aliments مأكولات أخرى
avocat أفوكادو
babeurre حليب رائب
bacon لحم خنزير مقدّد
bagatelle aux fraises ترايفل بالفراولة
baguette باغيت (رغيف فرنسي)

baie توت - ثمر العلّيق	bouillir l'eau غلى يغلي
banane موز	bretzel مخبوزات مملّحة - كعك مملّح وجاف
basilic حبق	brocoli بروكولي
beurre زبدة	brûler, être brûlé شاط يشيط
beurre ramolli زبد ليّن - زبد طريّ - زبد بدرجة حرارة الغرفة	brûlé محروق
biscuits بسكويت	brûleurs à fondue موقد فوندو
bière بيرة	buffet ouvert بوفيه مفتوح
blé قمح	café قهوة
boeuf لحم البقر	canard بط
bouillie عصيدة	cannelle قرفة
boire شرب يشرب	cantaloup بطّيخ أصفر
boîte صندوق ج صناديق - علبة ج علب	carotte جزر
	cassis كشمش أحمر
bonbon de coton غزل البنات - حلوى القطن	cendrillon كركم
	cerise كرز
bonbons حلويات	ceviche de poulet دجاج متبّل بالليمون وزيت الزيتون
bouilli مسلوق	
bouillir سلق يسلق	champagne شامبنية
bouillir, déborder فار يفور	champignon فطر

chatouiller les papilles gustatives	داعب الحواس بأشهى المأكولات
chaud et épicé	حار
chilli	فلفل حار
chips	رقائق البطاطس المقليّة
chocolat	شوكولا
chocolat trempé	شوكولاتة معالجة حراريّا
chou	كرنب (ملفوف)
chou-fleur	قرنبيط
choux de Bruxelles	كرنب مسوق
ciboulette	قرط
citron vert	ليمون حامض
citron	ليمون
citrouille	قرعة
composé de chocolat	مركّب الشوكولاتة
concombre	خيار
confiture d'oignons	مربّى البصل
conteneur de jus de viande central	وعاء مركزيّ لعصّارة اللحم
coriandre	كزبرة
couper	قطع يقطع
courgette	كوسا
crabe	أبو جلمبو
crème	قشطة
crème aigre	قشطة حامضة
crème d'oeufs	الكاسترد
crème fraîche	قشدة طازجة
crêpes	فطائر ألبان كيك
crevettes	جمبري
croissant	كرواسان - الخبز الهلالي
croquant	مقرمش
cuire	خبز يخبز
cuisinier	طبخ يطبخ

cuisinière à induction طبّاخ إلكتروني
cumin كمون
céleri كرفس
céréales pour petit-déjeuner حبوب الفطور
dates fraîches بلح
dates séchées, dates traitées تمر
déjeuner تغدّى يتغدّى - غداء
délices culinaires أطايب الطهي
délicieux, appétissant - شهي لذيذ
dessert الحلوى - التحلية
dîner تعشّى يتعشّى - عشاء
dissoudre ذوّب يذوّب
doigts de poisson أصابع سمك
doigts de poulet coupés قطع أصابع الدجاج

doigts de poulet désossées أصابع دجاج مخلّية
doux حلو
eau ماء
épices بهارات - توابل
épinards سبانخ
être sur un régime يكون على نظام غذائي
faim جوع
faire fondre سيح يسيح
farcie محشي
farine دقيق - طحين
farine auto-criante, farine auto-réactive نوع من الطحين الاصطناعيّ مع مواد أخرى
farine blanche طحين
figues تين
filet mignon شريحة لحم الخاصرة
flocons de piment rouge

رقائق الفلفل الأحمر	رطلي
foie كبد	gâter, gâté فسد - يفسد - فاسد
frais طازج	gingembre زنجبيل
fraise فراولة - فريز	glace آيس كريم - مثلجات
framboise توت المعلق - توت شوكي	glucides à libération lente كربوهيدرات بطيئة الإمتصاص
friandises حلويات	gombo بامية
frite مقلي	gomme علك
froid بارد	goyave جوافة
fromage جبن	goût, saveur طعم ج طعوم
fromage de chèvre جبن ماعز	graisse دهن يدهن دهن
fromage fondu جبن مطبوخ	grenade رمّان
fruit فاكهة ج فواكه	griller, grillé شوي - مشوي
fruit confit فواكه مغلفة بالسكر	groseille عنب الثعلب
fruits de mer فطائر المأكولات البحريّة	guimauve حلوى الخطمية
	haché مفروم
gant de cuisine قفازات - قفاز المطبخ	hareng de poisson سمكة الرنجة
gâteau كعك	haricots فول - فاصولياء
gâteau à la mouche كعك	haricots cuits فول مطبوخ

haricots français فاصولياء فرنسيّة	lait حليب
herbes أعشاب	lait d'agneau خاصرة الضأن
homard كركند	lait écrémé الحليب خالي الدسم
hors-d'oeuvre, snacks وجبات خفيفة	lait entier gras حليب كامل الدسم
huile زيت	lait semi-écrémé حليب نصف دسم
huile d'olive زيت زيتون	laitue خس
huître محار	léger et pelucheux خفيفة ومنتفشة
hummus حمّص	légumes خضروات
incinération de congélation الحرق التجميدي	lentilles عدس
ingrédient مقدار ج مقادير	levure خميرة
jambon ألحم فخذ الخنزير	livraison توصيل
jambon de poulet الدجاج بطعم لحم الخنزير المدخّن	mâcher يمضغ مضغ
jarre, pot وعاء ج أوعية	maïs ذرة
jus عصير ج عصائر	maïs sucré ذرة
ketchup صلصة كاتشاب - كتشب	maïs sur l'épi كوز ذرة مسلوق صحيح أو مقطع
kiwis كيوي	manger أكل يأكل

mango ‎مانجو - مانغو‎	mûre ‎توت أسود‎
maquereau ‎سقمري‎	myrtille ‎توت أزرق‎
margarine ‎مارغرين‎	navet ‎لفت‎
marmelade ‎مرملاد - مربّى‎	noisettes ‎بندق‎
mayonnaise ‎مايونيز‎	noix ‎مكسرات‎
mélanger ‎مزج يمزج - خلط‎	noix de coco ‎جوز الهند‎
‎يخلط - خلط شيئ مع شيئ‎	noix de maïs ‎حبّات ذرة محمصّة‎
melon ‎شمّام - بطّيخ‎	
menthe ‎نعناع‎	noix de muscade ‎جوز الطيب‎
miel ‎عسل‎	nouilles ‎شعيريّة‎
miel noir ‎عسل أسود‎	nourriture ‎طعام‎
morceau de viande juteux ‎قطعة لحم طرية‎	nutrition ‎غذاء‎
	oeufs ‎بيض‎
morue ‎سمك القدّ‎	oeufs à air libre ‎بيض طبيعي (من دجاج حر الحركة)‎
moule de printemps ‎قالب ذو قاعدة متحرّكة - قالب ذو قاعدة قابلة للانفصال‎	oeufs à gamme libre ‎بيض بلدي‎
moutarde ‎خردل‎	oignon ‎بصل‎
muesli ‎حبوب مع فواكه ومكسّرات تؤكل عادة مع الحليب‎	oignon de printemps ‎بصل أخضر‎

olive زيتون	الصغيرة
orange برتقال	pétrir عجن يعجن
pain رغيف ج أرغفة	pièce قطعة ج قطع
pain, gâteaux, pâtisseries à	pilchard نوع من السردين
la maison - خبز - كعك	pizza بيتزا
ومعجّنات منزلية	plaisir تمتيع
pain blanc خبز أبيض	planche à découper les
pain brun خبز بنّي	légumes, les fruits et les
pain pita خبز بيتا	viandes لوح تقطيع الخضار
pastèque بطيخ	والفاكهة واللحوم
pâte عجين - باستا (معكرونة)	plat مسطح
pâte feuilletée الرقائق الهشة	plateau en fonte plat حديديّة
pâté باتيه - خليط من اللحم والكبد	مسطّحة
pâtisserie caramélisée	poire إجاص - كمثرى
المعجّنات الهشة المكرملة	poireaux كراث
pêche خوخ	pois بازلاء
peler قشر يقشر	pois chiches حمص
persil بقدونس	pois congelés بازلاء مجمّدة
petit déjeuner فطور	poisson سمك
petites côtes لحم أضلع الظهر	poisson aux calmars الحبار

poisson grillé à la poêle السمك المشويّ في المقلاة	poulet دجاج
poisson hareng fumé سمكة الرنجة المدخّن	poulet grillé دجاج مشوي
poitrine de dinde grillée صدر ديك رومي مشوي	poulpe, pieuvre أخطبوط
poitrine de poulet grillé صدر دجاج مشوي	pourri, moisi متعفّن
poivre فلفل	prendre le petit-déjeuner فطر يفطر
pomme تفاح	produits laitiers ألبان
pomme de terre ج بطاطا بطاطس	prosciutto بسطرمة مصنوعة من لحم فخذ الخنزير
popcorn بوشار	prune برقوق
porc لحم الخنزير	quenelle كونل
pot à fond épais قدر سميك القاع	radis فجل ج فجول
pot rôti يخنة اللحم - يخنة اللحم بالخضروات	raisin عنب - زبيب
	rassasié شبعان ج شباعى
	recette وصفة ج وصفات
	réchauffer سخن يسخن
	reins كلى
	remuer حرّك يحرّك
poudre de curry بودرة حارة لصنع الكاري	repas وجبة ج وجبات
	restaurant مطعم ج مطاعم

rhubarbe راوند	saumon fumé سلمون مدخّن
riz أرز	saupoudrer نثر ينثر
riz assaisonné pelucheux الأرز المفلفل المتبل	saveur نكهة
romarin حصى البان أو إليل الجبل	sel ملح
	serveur نادل ج ندل
rouleaux de pain أقراص خبز	soif عطش - عطشان ج عطاش
rouleaux de saucisse أقراص خبز فيها السجق	sole سمك موسى
	soufflé سوفليه
rôti محمر	soupe شوربة
safran زعفران	soupe aux côtes de boeuf شوربة أضلاع لحم البقر
salade سلطة	spaghetti معكرونة
salami سلامي	spaghetti japonais معكرونة سميكة يابانية
sandwich ouvert شريحة خبز عليها طعام	sucre سكر
sardine سردين	sucre lavé السكر المزال منه الدبس - السكر شبه الخالي من الدبس
sauce aux pâtes صلصلة الباستا	
saucisses نقانق	tapenade معجون الزيتون
saumon سلمون	tarte au porc فطيرة لحم خنزير

température chaude ساخن	viande d'agneau لحم حمل
tendre لين	viande avec pâte - plaque لحم بعجين - صفيحة
thé شاي	viande cuite لحم مطبوخ
thon طون	viande de boeuf لحم البقر
thym زعتر	viande de veau لحم العجل
toast خبز محمّص	vin نبيذ
tomates طماطم	vin de maison نبيذ المحل
tomates en conserve طماطم معلّبة	vinaigre خلّ
tranche شريحة ج شرائح	volaille طيور
tranche de pain رغيف مقطّع إلى شرائح	yaourt حليب مختّر - لبن زبادي
tremper نقع ينقع	
trempettes - خلطات للغموس صلصات للغموس	
truite تروت	
végétarien نباتي	
verser سكب يسكب - صبّ يصبّ - رشّ يرش	
viande لحم ج لحوم	

4. À la maison, les pièces, les meubles, les outils

في المنزل، الغرف، الأثاث، الأدوات

acier صلب	
air conditionné جهاز تكييف الهواء	
allume-cigarette قدّاحة	
allumer, ouvrir فتح يفتح	
allumettes ثقاب	
appartement شقّة ج شقق	
ascenseur مصعد	
aspirateur شفّاطة ج شفّاطات	
baignoire حوض ج أحواض الإستحمام	
balai مقشّة ج مقشّات - مكنسة ج مكانس	
balcon شرفة ج شرف	
bâtiment مبنى ج مبانئ	
boîte علبة ج علب	
bol زبديّة ج زبادي	
bougie شمعة ج شمعات	
bouteille زجاجة ج زجاجات	
brosse فرشاة	
brosse à dents فرشاة أسنان	
bureau مكتب ج مكاتب	
cendrier مطفأة السجائر	
chaise كرسيّ ج كراسي	
chambre غرفة ج غرف - حجرة ج حجرات	
chambre à coucher غرفة نوم	
chemin du couloir, corridor ممرّ ج ممرّات	
cintre علاّقة ج علاّقات ثياب	
ciseaux مقصّ ج مقاص	
clé مفتاح ج مفاتيح	

colle صمغ - غراء	مشبك ج مشابيك épingle à vêtements
commode تسريحة ج تسريحات	سفنج - لوفة éponge
cordon, fil سلك ج أسلاك	سلالم - درج escalier
cour, grand espace ouvert باحة	رفّ ج رفوف étagère
couteau سكّين ج سكاكين	غلق يغلق éteindre, fermer
couverture بطانيّة ج بطاطين	مغسلة ج مغاسل évier
crème à raser صابون حلاقة	زيت الخروع - ظلال العيون eye-liner
cuillère ملعقة ج ملاعق	
cuisine مطبخ ج مطابخ	مروحة ج مراوح fan, ventilateur
cuisinière موقد ج مواقد	نافذة fenêtre
cuivre نحاس	حديد - مكواة ج مكاو fer
cure-dents عود أسنان - مسواك ج مساويك	فرن ج أفران four
dentifrice معجون أسنان	شوكة ج شوك fourchette
douche دوش ج دوشات	سرب يسرب fuite
draps شرشف ج شراشف	تنجيد garniture, plombage
échelle سلم ج سلالم	عمارة ج عمارات immeuble d'appartements
édredon لحاف ج لحف	مصباح ج مصابيح lampe
électricité كهرباء	

lave-vaisselle غسّالة صحون	ombre à paupières ظلّ العيون
lit سرير ج سرائر	ongle مسمار ج مسامير
locataire مؤجّر	oreiller مخدّة ج مخاد
location إيجار	outil أداة ج أدوات
louer أجّر يؤجّر	papier ورق
lumière نور ج أنوار	papier toilette ورق تواليت
lustre ثرية ج ثريات	peigne مشط ج أمشاط
machine à laver غسّالة ج غسّالات	peinture دهان ج دهانات
maison بيت ج بيوت - منزل ج منازل	pichet إبريق ج أباريق
	pince زردية
maquillage ماكياج	pipe ماسورة ج مواسير
marbre رخام	placard دولاب ج دواليب
marteau مطرقة ج مطارق	placard, armoire خزانة ج خزائن ملابس
matelas مرتبة ج مراتب - فراش	plafond سقف ج سقوف
meublé مفروش	plancher, niveau de construction طابق ج طوابق - أرضيّة ج أرضيّات
meubles أثاث - مفروشات	
miroir مرآة ج مرايا	plat طبق ج أطباق - صحن ج صحون
mur جدار ج جدر	
nappe غطاء الطاولة	

poêle مقلى - مقلاة ج مقال - قلّاية	salon غرفة جلوس
poignée de porte مقبض الباب	savon صابون ج صابونات
pompe طلمبة ج طلمبات	scie منشار ج مناشير
porte باب ج أبواب - بوابة ج بوابات	sèche-cheveux مجفف الشعر
	sécheuse جهاز التنشيف
pot أصيص	serviette منشفة ج مناشف - بشكير ج بشاكير
poudre بودرة	
prise électrique قابس - مخرج كهرباء	serviette de bain منديل ج مناديل
rasoir شفرة ج شفرات حلاقة	shampooing شامبو
réfrigérateur ثلّاجة ج ثلّاجات	sofa أريكة ج ارائك
réveil ساعة تنبيه	soucoupe صحن الكوب
rideau ستارة ج ستائر	substance, matière مادّة ج مواد
robinet صنبور ج صنابير	
rouge à lèvres أحمر الشفاة	table طاولة ج طاولات
rougir أحمر الخدود	table à manger مائدة
ruban adhésif شريط لصق	tapis سجّادة ج سجّاد
salle à manger غرفة طعام	tasse, verre كوب ج أكواب
salle de bain حمّام ج حمّامات - مرحاض ج مراحيض	tasse à café فنجان ج فناجين
	télécommande جهاز تحكّم عن

بعد
téléphone - تلفون ج تلفونات
هاتف ج هواتف
télévision تلفزيون ج تلفزيونات
tiroir درج ج أدراج
toilette مرحاض
toit سطح ج سطوح
tournevis مفك ج مفكات
vacant فارغ
valve محبس
vis برغي ج براغي
voisin جار ج جيران

5. Les vêtements, les bijoux, l'apparence physique, les couleurs

الملابس، المجوهرات، المظهر، الألوان

ajuster	عدل يعدل تعديل
argent	فضّي - فضّة
bague	خاتم ج خواتم
beige	بيج
bijou	جوهرة ج جواهر - مصوّغات
blanc	أبيض - بيضاء ج بيض
bleu marine	كحلي
bleu	أزرق زرقاء ج زرق
bleu royal	زهري - الأزرق الملكي
blond	أشقر - شقراء ج شقر
blouse	بلوزة ج بلوزات
boucle	ابزيم ج أبازيم
boucle d'oreille	حلق ج حلقان
bouton	زرّ ج أزرار
bracelet	سوار ج أسورة
brillant	برّاق - لامع
brodé, décoré	مزّين
ceinture	حزام ج أحزمة
chapeau	قبّعة ج قبّعات
châtaigne	كستنائي
chaussette	جورب ج جوارب
chaussure	حذاء ج أحذية
chemise	قميص ج قمصان
chemise de nuit	ثوب النوم
chic, élégant	أنيق
ciel bleu	سمائي
clair	فاتح
collier	عقد ج عقود
coloré	ملون

convenir à quelqu'un en couleurs ou styles لاق يليق ليق	إصفرار
	devenir noir إسودّ يسودّ إسوداد
	devenir rouge إحمرّ يحمرّ
costume بدلة ج بدل	إحمرار
coton قطن ج أقطان	devenir vert إخضرّ يخضرّ
couche, couches pour bébé حفاظ ج حفاظات أطفال	اخضرار
	diamant الماس
coudre خيّط يخيّط خياطة	doré ذهبي
couleur unie سادة	écharpe وشاح ج أوشحة
cravate ربطة ج رباط عنق	élégant, élégance أنيق - أناقة
crème أصفر شاحب	émeraude زمرد
culottes ملابس داخلية	étroit ضيّق
déchiré, coupé مقطوع	fermeture à glissière سحّاب
décoller خلع يخلع خلع	fil خيط ج خيوط
dentelle تخريمة	gants قفّاز ج قفّازات
devenir blanc إبيضّ يبيضّ ابيضاض	gris رمادي
	indigo نيلي
devenir bleu إزرقّ يزرقّ إزرقاق	ivoire لون العاج
	jaune أصفر - صفراء ج صفر
devenir jaune إصفرّ يصفرّ	jupe تنّورة ج تنورات

laine صوف ج أصواف	parapluie مظلّة ج مظلّات
large واسع	peau brune أسمر - سمراء ج سمر
lentilles de contact عدسات لاصقة	perles لؤلؤ
lunettes نظّارة	poche جيب ج جيوب
lunettes de soleil نظّارة شمسيّة	pointillé منقّط
maillot de bain ثوب السباحة	pourpre قرمزي
manche كمّ ج أكمام	portefeuille محفظة ج محافظ
manteau معطف ج معاطف	porte-monnaie شنطة ج شنط اليد
marron بنّي	porter, mettre لبس - للبس
modelé منقوش	pyjamas بيجامة ج بيجامات
modeste محتشم - متواضع	raccourcir قصّر يقصّر تقصير
montre-bracelet ساعة يد	rayé مقلّم
noir إسودّ - سوداء ج سود	réparer صلّح يصلّح تصليح
or ذهب	robe فستان ج فساتين
orange برتقالي	rose وردي
pâle, lavé باهت	rosé زهري
pantalon بنطلون ج بنطلونات	rouge أحمر - حمراء ج حمر
pantoufle خفّ ج خفاف - أخفاف	shorts بنطلون قصير

soie حرير ج حرائر
sombre غامق
sous-vêtements ملابس داخليّة
sous-vêtements pour femmes ملابس داخليّة نسائيّة
sous-vêtements pour hommes ملابس داخلية رجالية
soutien-gorge صدريّة
taille du vêtement مقاس ج مقاسات
tailleur خيّاط ج خيّاطون
tissus أقمشة
turquoise فيروزي
velours مخمل
vert أخضر - خضراء ج خضر
vert olive زيتوني
veste سترة ج ستر
vêtements ملابس
violet أرجواني

6. Le temps, les fêtes, l'heure

الزمن، العطلات، الوقت

Action de Grâces عيد الشكر
alors ثم
année (ج) سنوات سنة
anniversaire (ou mémoire) ذكرى (ج) ذكريات ـ عيد ميلاد
août آب ـ أغسطس
après بعد
après un certain temps بعد قليل
après-midi بعد الظهر
aube فجر
aujourd'hui اليوم
avant قبل

avant-hier أول أمس
avril أبريل ـ نيسان
cadeau (ج) هدايا هديّة
calendrier (ج) تقاويم تقويم
calendrier copte التقويم القبطي
calendrier grégorien التقويم الميلادي
calendrier musulman التقويم الهجري
célébrer احتفل ـ يحتفل (احتفال) بـ
congé de Pâques عيد الفصح
coucher de soleil غروب الشمس
décembre ديسيمبر ـ كانون الأول
décennie حقبة (ج) حقبات
demain غدا
dernière (semaine) (الأسبوع) الماضي

dimanche يوم الأحد	jour de l'indépendance عيد الاستقلال
eid al-adha عيد الأضحى	
eid al-fitr عيد الفطر	juillet تمّوز - يوليو
en retard متأخّر	juin حزيران - يونيو
fête حفلة (ج) حفلات	jumada I جمادى الأول
février شباط - فبراير	jumada II جمادى الثاني
fois (unité dénombrable, comme dans "trois fois, quatre fois", etc.) (ج) مرّة مرّات	jusqu'à حتى
	lendemain بعد الغد
	lever du soleil شروق الشمس
	lundi يوم الاثنين
habituellement عادة	mai أيّار - مايو
hathor (début 9-10 novembre) هاتور	maintenant الآن
	mardi يوم الثلاثاء
heure ساعة (ج) ساعات	mars آذار - مارس
hier أمس	matin صباح
hier soir ليلة أمس	mercredi يوم الأربعاء
janvier كانون الثاني - يناير	meshir (commence 7-8 février) أمشير
jeudi يوم الخميس	
jour يوم (ج) أيام	mesori (commence le 6 août) مسرى
jour après jour يوما بعد يوم	

midi ظهر
minuit منتصف الليل
minute دقيقة (ج) دقائق
moment لحظة (ج) لحظات
muharram محرم
noël عيد الميلاد
nouvel an ليلة - رأس السنة
رأس السنة
novembre - تشرين الثاني
نوفمبر
nuit ليلة (ج) ليالي
occasion مناسبة (ج) مناسبات
octobre - تشرين الأول - أكتوبر
paoni (commence le 7 juin) بؤونة
paopi (commence le 10 ou 11 octobre) بابة
pâques عيد القيامة
paremhat (commence le 9 mars) برمهات

paremoude (commence le 8 avril) برمودة
parfois أحيانا
pashons (commence le 8 mai) بشنس
plus tard لاحقا
quelle heure est-il? كم الساعة؟
rabia I ربيع الأول
rabia II ربيع الثاني
rajab رجب
ramadan رمضان
rarement نادرا
Saint-Valentin عيد الحب
samedi يوم السبت
seconde ثانية (ج) ثواني
semaine أسبوع (ج) أسابيع
septembre أيلول - سمتمبر
shaban شعبان
sham al-nesim شم النسيم

shawwal شوّال	une heure vingt, 1:20 الساعة الواحدة والثلث
siècle قرن (ج) قرون	une heure vingt-cinq, 1:25 الساعة الواحدة والنصف إلا خمس دقائق
soir مساء	
suivant (semaine) (الأسبوع) المقبل	
temps وقت (ج) أوقات	une heure trente, une heure et demie, 1:30 الساعة الواحدة والنصف
toujours دائما	
Toussaint عيد جميع القديسين	
tous les deux jours كل يومين	une heure trente-cinq, deux heures moins vingt-cinq, 1:35 الساعة الواحدة والنصف وخمس دقائق
tous les jours كل يوم	
toute la journée طوال اليوم	
tôt مبكر	
une heure الساعة الواحدة	une heure quarante, deux heures moins vingt, 1:40 الساعة الثانية إلا ثلثا
une heure cinq, 1:05 الساعة الواحدة وخمس دقائق	
une heure dix, 1:10 الساعة الواحدة وعشر دقائق	une heure quarante-cinq, deux heures moins le quart, 1:45 الساعة الثانية إلا ربعا
une heure quinze, une heure et quart, 1:15 الساعة الواحدة والربع	une heure cinquante, deux heures moins dix,

الساعة الثانية إلا عشر دقائق 1:50
une heure cinquante-cinq,
deux heures moins cinq,
الساعة الثانية إلا خمس دقائق 1:55
vacances, fête أعياد (ج) عيد
vendredi يوم الجمعة
zulhijjah ذو الحجة
zulqida ذو القعدة

7. À l'extérieur, la ville, l'architecture, les lieux, les bâtiments, les véhicules, les transports, le tourisme, les événements

في الخارج، المدينة، الهندسة المعمارية، الأماكن، المباني، المركبات، النقل، السياحة، الأحداث

صرّاف آلي	ATM
طريق سريع	autoroute
طائرة ج طائرات	avion
مقعد ج مقاعد	banc
بنك ج بنوك	banque
حانة ج حانات	bar
مركب ج مراكب - زورق ج زوارق	bateau
قارب ج قوارب	bateau plus petit
عمارة ج عمارات	bâtiment
مكتبة ج مكتبات	bibliothèque
مطبّ ج مطبّات - أخدود	bosses de vitesse
مخبز ج مخابز	boulangerie
طوبة	brique
ضجّة	bruit
مكتب البريد	bureau de poste
حافلة ج حوافل	bus
مقهى ج مقاهة	café, cafétéria
حادثة ج حوادث	accident
مطار ج مطارات	aéroport
محلّ ج محلّات	affaire
مدرج ج مدرجات	amphithéâtre, auditorium
شقّة ج شقق	appartement
تأمين	assurance

camion شاحنة ج شاحنات	église كنيسة ج كنائس
centre مركز ج مراكز	égout, drain بلاّعة ج بلاعات
centre-ville وسط البلد	épicerie بقالة ج بقالات
cimetière جبانة ج جبانات	encombrement إزدحام
cinéma سينما ج سينمات	être annulé, annulation مؤجّل تأجيل
citadelle قلعة ج قلوع	être en retard تأخّر يتأخّر تأخير
clinique عيادة ج عيادات	évacuation des eaux usées مجاري
clôture سور ج أسوار	exposition de galerie معرض ج معارض
club نادي ج نوادي	expression عبارة ج عبارات
coin à une intersection ناصية ج نواص	festival مهرجان ج مهرجانات
coin d'une pièce ركن ج أركان	feux de circulation, lumière إشارات المرور - علامات المرور
collision, crash صادم يصادم مصادمة	file d'attente de personnes, queue طابور ج طوابير
conducteur سائق ج سائقون	fontaine ينبوع ج ينابيع
conduire قاد يقود قيادة	freins فرامل
déchets, ordures نفاية	hélicoptère مروحيّة
décoller أقلع يقلع إقلاع	
échange de devises صرّافة	
école مدرسة ج مدارس	

hôpital مستشفى ج مستشفيات	ساحة ج ساحات
immobilier عقار ج عقارات	إطار ج إطارات pneu
jardin, parc حديقة ج حدائق	تلوث pollution
klaxonner زمر يزمر تزمير	جسر ج جسور pont
librairie مكتبة ج مكتبات	قسم الشرطة poste de police
maison بيت ج بيوت	حارة ج حارات quartier
mosquée جامع ج جوامع -	حجز يحجز حجز réserver
مسجد ج مساجد	مطعم ج مطاعم restaurant
motocycle دراجة نارية	اطار ج اطارات roue
musée متحف ج متاحف	طريق ج طرق route
navire سفينة ج سفن	شارع ج شوارع rue
palais قصر ج قصور	s'arrêter, se mettre debout
passeport جواز ج جوازات السفر	وقف - يقف وقوف في
	se détruire, se fracasser
permis de conduire رخصة ج رخص قيادة	تحطّم يتحطّم تحطّم
	يافطة ج يافطات signe
pharmacie صيدليّة ج صيدليّات	شركة ج شركات société
piscine بركة السباحة	محطّة ج محطّات station
place, cour ميدان ج ميادين -	كنيس synagogue
	تاكسي ج تاكسيّات taxi

معبد ج معابد temple	سيّارة ج سيّارات voiture
مسرح ج مسارح théâtre	عجلة القيادة volant
هبط يهبط هبوط tomber	طار يطير طيران voler
برج ج أبراج tour	سافر يسافر مسافرة - voyage
تجوّل يتجوّل تجوّل - جولة ج جولات tour	سفر - رحلة ج رحلات
	حديقة الحيوان zoo
سياحة tourisme	
لفّ يلفّ لفّ tourner	
مرور trafic	
قطار ج قطارات train	
مواصلات transport public	
رصيف trottoir, plate-forme de train	
حفرة ج حفر trou	
نفق ج أنفاق tunnel	
جامعة ج جامعات université	
درّاجة ج درّاجات vélo	
مدينة ج مدن ville	
تأشيرة ج تأشيرات visa	
زار يزور زيارة visite	

8. Les hobbies, les sports, les activités de loisir

الهوايات، الرياضة، الأنشطة الترفيهيّة

aire de jeux	ملعب
alcoolique	سكّير
amateur	هاوي
ami	صديق ج أصدقاء
arbitre	حكم
arriver à l'heure	وصل يصل وصول في الميعاد
artisanat	حرف م حرفة
arts martiaux	ألعاب القتال
attaquant	مهاجم
avance, progrès	تقدّم يتقدّم تقدّم
backgammon	طاولة
balle	كرة ج كور
baseball	بيسبول
basket-ball	كرة السلّة
blaguer, blague	مزح يمزح - نكتة ج نكت
boxe	ملاكمة
but	هدف ج أهداف
cadeau	هديّة ج هدايا
canne à pêche	قصبة الصيد
capitaine de l'équipe	قائد الفريق
carte rouge	بطاقة حمراء
cartes	ورق اللعب
champion	بطل ج أبطال
championnat	بطولة
chasse	صيد
collection de timbres	جمع الطوابع

compétir تنافس يتنافس تنافس	طاح يطيح
concurrence, compétition منافسة	ensemble les uns avec les autres معا - سواء
coup ضربة	équipe فريق
coup franc ضربة حرة	équipe nationale الفريق الوطني
coupe du monde كأس العالم	équitation ركوب الخيل
courir جرى يجري - ركض	escalade de montagne تسلّق الجبال
course مسابقة	être en retard تأخّر يتأخّر
couture خياطة	exercice تمرين ج تمارين
crochet سنّارة	faire connaissance تعرّف يتعرّف تعرّف على
cyclisme ركوب الدرّاحات	faire une promenade تمشّى يتمشّى
décoller أقلع يقلع	
deuxième moitié الشوط الثاني	
défenseur مدافع	faute خطأ ج أخطاء
déplacer تحرّك يتحرّك	fête حفلة ج حفلات
distribuer وزّع يوزّع توزيع الأوراق	fitness, forme physique اللياقة البدنيّة
échecs شطرنج	football كرة القدم
égaliser سوى يسوي تسوية	
éliminer, battre une équipe	

مباراة ج مباريات match	formateur, entraîneur مدرّب
خلط يخلط الأوراق mélanger	gagner كسب يكسب كسب
خطّ الوسط milieu de ligne	golf غولف
وسط الملعب milieu de terrain	grimper تسلّق يتسلّق تسلّق
صعد monter sur la finale يصعد صعود للنهاية	gymnastique جمباز
	haltérophilie رفع الأثقال
سبح يسبح سباحة nager	hobby هواية ج هوايات
مناسبة ج مناسبات occasion خاصّة	hockey هوكي
	inviter دعى يدعو
مقامر parieur	ivre سكران
مر يمر الكرة passer la balle	jardinage بستنة
قضى يقضي الوقت passer du temps	jeu لعبة ج ألعاب
	jeux d'argent قمار
تزلّج patinage, ski	joker جوكر
تزحلق على الجليد patinage sur glace	jouer لعب يلعب
	joueur لاعب ج لاعبون
صيد السمك pêche	lancer, jeter رمى يرمي رمي
ضربة جزاء - ترجيح pénalité	marquer un but سجّل يسجّل هدفا
خسر يخسر خسارة perdre	
فقد يفقد فقد perdre du poids	masque قناع ج أقنعة

الوزن	مسك يمسك مسك saisir
pièce d'échecs, cavalier	سهر sortir, veiller
حصان	رياضة ج رياضات sport
pièce d'échecs, fou ،الأسقف	إستاد stade
قطعة الشطرنج	ركوب الأمواج surfer
pièce d'échecs, pion ج جندي	لوح الشطرنج tableau d'échecs
جنود	التنس tennis
pièce d'échecs, reine ملكة	الرمي بالقوس - tir à l'arc, tir
pièce d'échecs, roi ملك	رماية
pièce d'échecs, tour قلعة	غشّ يغشّ غشّ tricher
plonger, plongée - غطس	غشّاش tricheur
يغطس غطس ـ غطسة	تحقّق vérifier
نقطة ج نقاط point	فوز victoire
بولو polo	كرة الطائرة volleyball
الشوط الأول première moitié	
محترف professionnel	
إستمتع يستمتع profiter, jouir	
إستمتاع	
إستراحة récréation	
موعد ج مواعيد rendez-vous	

9. Les études, les écoles, les grades, les activités, la profession

الدراسات، المدارس، الدرجات، النشاطات، المهنة

acteur ممثل
activité - activités نشاط ج نشاطات - أنشطة
administrateur, administratif إداري
administration des affaires إدارة الأعمال
agent وكيل ج وكلاء
agriculteur مزارع
aide financière مساعدات ماليّة

ajouter جمع يجمع جمع
algèbre الجبر
allocation علاوة ج علاوات
ambassadeur سفير ج سفراء
analyse تحليل ج تحاليل
analyste محلل
angle زاوية ج زوايا
anthropologie علم الانسان
apprendre تعلّم يتعلّم تعلّم
architecte معمار
architecture العمارة
archéologie علم الآثار
argent مال ج أموال - نقد ج نقود
art فنّ ج فنون
artiste فنّان
assistant مساعد
astrologue منجّم
astronaute رائد فضاء
astronomie الفلك
athlète رياضي

auteur مؤلّف	BS, baccalauréat en sciences بكالوريوس علوم
avantages du métier مميّزات الوظيفة	bureau مكتب ج مكاتب
avec distinction بإمتياز	cahier دفتر ج دفاتر
avocat محام	caissier de banque ج صيرفي ج صيارفة
baccalauréat بكالوريا	calculatrice آلة حاسبة ج آلات حاسبة
baccalauréat des arts بكالوريوس الآداب	capacité قدرة ج قدرات
banque بنك ج بنوك	carré مربّع ج مربّعات
barbier حلّاق	carte de crédit بطاقة إئتمان
beaux arts الفنون الجميلة	cercle دائرة ج دوائر
bibliothécaire أمين مكتبة	certificat, diplôme شهادة
bijoutier جوهرجي	chanteur مغنّ
biochimie الكيمياء الحيوية	charpentier نجار
biologie الأحياء	chasser, expulser طرد يطرد طرد
bonnes notes درجات عالية	
botanique علم النبات	chauffeur سائق
boulanger خبّاز	chef, directeur مدير ج مدراء
boucherie جزار	chèque شيك ج شيكات
bourse d'études منحة ج منح	

chimie الكيمياء	correspondant مراسل
chimiste كيميائي	côté ضلع ج ضلوع
chirurgien جراح	cours درس ج دروس
chômage بطالة	craies طباشير
classe صفّ ج صفوف - فصل ج فصول	crayon قلم رصاص
	critique ناقد ج نقاد
coiffeuse مصفف شعر	cuisinier طبّاخ
collège كلية ج كليات	curriculum منهج ج مناهج
collègue زميل ج زملاء	CV سيرة ج سير ذاتية
compositeur ملحّن	danse الرقص
comptabilité المحاسبة	danseur رقّاص
comptable محاسب	déduire إستنتج يستنتج إستنتاج
compte حساب ج حسابات	démissionner إستقال يستقيل إستقالة
compte courant حساب جاري	
compétence كفاءة - مهارة ج مهارات	dentiste طبيب أسنان
	dentisterie طب الأسنان
compte d'épargne حساب توفير	département قسم ج اقسام
	dépenser صرف يصرف صرف
conseiller financier مستشار مالي	dépôt أودع يودع إيداع
	designer مصمّم

dette دين ج ديون	économie الاقتصاد
devoir واجب ج واجبات	économie domestique الإقتصاد المنزلي
dictionnaire قاموس ج قواميس	économiser إقتصد يقتصد إقتصاد
diffuseur مذيع	écrivain كاتب ج كتاب
diplomate دبلوماسي	éditeur محرّر
diplômé تخرّج يتخرّج تخرّج	électricien كهربائي
discussion مناقشة	élève تلميذ ج تلاميذ
diviser قسم يقسم قسم	emploi توظيف
docteur طبيب ج أطباء	employé موظّف
doctorat دكتوراه	employer وظّف يوظّف
échouer سقط يسقط سقوط	emprunter (de l'argent) إستلف يستلف إستلاف
école مدرسة ج مدارس	
école maternelle حضانة ج حضانات	emprunter (des choses en dehors de l'argent) إستعار يستعير إستعارة
école primaire المدرسة الابتدائيّة	
école préparatoire المدرسة الإعداديّة	encyclopédie موسوعة ج موسوعات
école secondaire المدرسة الثانويّة	enseigner علّم يعلّم تعليم - درّس

enseignement supérieur يدرّس تدريس	financement تمويل
الدراسات العليا	fluidité طلاقة
entraîneur مدرّب	forgeron حدّاد
entrepreneur مقاول	forme شكل ج أشكال
entretien مقابلة شخصية	fraction كسر ج كسور
équation معادلة ج معادلات	frais كلفة ج كلف
erreur خطأ	frais de scolarité رسوم التعليم
être absent غاب يغيب غياب	gagner كسب يكسب
être payé قبض يقبض قبض	garde حارس ج حراس
études دراسات	géographie الجغرافيا
étudiant طالب ج طلاب	géologie الجيولوجيا
étudier درس يدرس دراسة	gomme ممحاة
examen إمتحان ج إمتحانات	grammaire قواعد
exercice تمرين ج تمارين	histoire التاريخ
expérience خبرة	historien مؤرّخ
expert خبير ج خبراء	homme d'affaires رجل أعمال
facteur ساعي البريد	ج رجال أعمال
faux مزيّف	hôtesse de l'air مضيّف جوي
fichier ملفّ ج ملفّات	infirmière ممرض
	informatique علم الحاسوب

ingénierie الهندسة	juge قاض ج قضاة
ingénierie électrique الهندسة الكهربائيّة	langue لغة ج لغات
	lecture محاضرة
ingénierie industrielle الهندسة الصناعية	linguistique - اللسانيّات اللغويّات
ingénierie informatique هندسة الحاسوبات	littérature الأدب
	loi الحقوق
ingénierie nucléaire الهندسة النووي	machine Xerox ماكينة تصوير المستندات
ingénieur مهندس	maîtrise ماجستير
ingénieur civil الهندسة المدنيّة	manuel كتاب مدرسيّ ج كتب مدرسيّة
inspecteur مفتّش	
institut معهد ج معاهد	marchand تاجر ج تجار
inventeur مخترع	marin بحار
investir إستثمر يستثمر إستثمار	maternelle روضة الأطفال
jour de paie يوم الدفع	mathématiques الرياضيّات
journalisme الصحافة	mécanique ميكانيكي
journaliste صحفي	médecine الطبّ
jours fériés, vacances إجازة ج إجازات - عطلة ج عطل	médecine légale الطبّ الشرعي

mémoriser حفظ يحفظ حفظ	حصص
microbiologie علم الاحياء المجهري	pharmacie الصيدلة
ministère de l'éducation وزارة التربية والتعليم	pharmacien صيدلي
	philosophie الفلسفة
modèle عارض أزياء	photographe مصوّر
monnaie عملة	physique الفيزياء
multiplier ضرب	pilote طيّار
musicien موسيقار	plombier سباك
musique الموسيقى	poète شاعر
note درجة ج درجات	policier شرطي
nounou مربية أطفال	politicien سياسي
officier ضابط ج ضباط	pompier رجل مطافئ
optique البصريات	portier بواب
orthographe تهجئة	poste vacant - وظيفة شاغرة وظيفة خالية
papier ورقة ج أوراق	prendre sa retraite تقاعد يتقاعد تقاعد
patron مدير	
peintre رسام	présentation تقديم ج تقديمات
pension معاش	présenter حضر يحضر حضور
période de classe حصّة ج	prêt قرض ج قروض

recherche أبحاث	prêt d'étudiant قرض دراسي ج قروض دراسيّة
rectangle مستطيل ج مستطيلات	prêter (de l'argent) سلف يسلف تسليف
régisseur مخرج	
règle مسطرة ج مساطر	prêter (des choses en dehors de l'argent) أعار يعير إعارة
retirer سحب يسحب سحب	
réussir نجح ينجح نجاح	
revenu دخل	producteur منتج
salaire مرتب ج مرتبات - راتب ج رواتب	professeur أستاذ ج أساتذة - مدرس
santé publique الصحّة العامة	profession مهنة ج مهن
savant عالم ج علماء	programme برنامج ج برامج
science علم ج علوم	programmeur informatique مبرمج حاسوبات
sciences agricoles العلوم الزراعيّة	
science de l'environnement علم البيئة	promotion ترقية
	prononciation لفظ ج ألفاظ
sciences de la terre علوم الأرض	psychiatrie الطب النفساني
	psychologie علم النفس
sciences humaines العلوم الإنسانيّة	psychologue عالم نفساني
	qualifications مؤهّلات

science politique العلوم السياسيّة	tailleur خيّاط
science vétérinaire الطب البيطري	test إختبار ج إختبارات
serveur نادل ج ندل	train, entraîner درب يدرب تدريب
serviteur خادم	travail عمل يعمل عمل - وظيفة ج وظائف
sociologie علم الاجتماع	travailleur عامل ج عمال
soins infirmiers التمريض	travailleur social مشرف إجتماعي
solde رصيد ج أرصدة	
sortilège تهجّى يتهجّى تهج	triangle مثلّث ج مثلثات
soustraire طرح يطرح طرح	université جامعة ج جامعات
spécialisation تخصّص ج تخصّصات ب	vendeur بائع
	vétérinaire طبيب بيطري
statistiques الإحصاء	vivant رزق ج أرزاق
style أسلوب	vocabulaire مفردات
stylo قلم ج أقلام	
sujet مادة ج مواد	
superviseur مراقب	
synonyme مرادف ج مرادفات	
tableau noir سبورة ج سبورات	

10. L'art, les impressions

الفن، الإنطباع

acte	فصل ج فصول
acteur	ممثل
acteur de soutien	ممثل مساعد
action	أكشن
action en direct	الحركة الحيّة
affiche	ملصق ج ملصقات
agir	مثل يمثل تمثيل
agréable	ممتع
album	ألبوم ج ألبومات
amusant	مرح
annonce	إعلان ج إعلانات
après la pause	بعد الفاصل
argile	صلصال
art	فنّ ج فنون
article	مقالة ج مقالات
artiste	فنان
attrayant	جذّاب
audience	جمهور
auteur	مؤلّف
auteur, figure littéraire	أديب ج أدباء
aventure	مغامرة
billet	تذكرة ج تذاكر
biographie	سيرة ذاتية
camera	كاميرا ج كاميرات
canal	قناة ج قناوات
capture d'écran	لقطة ج لقطات
CD, disque	اسطوانة ج اسطوانات
célèbre, renommée	مشهور ج مشاهير - شهرة
céramique	خزف
chaînes satellites	فضائيّات

chanson أغنية ج أغان	controversé مثير للجدل
chanter غنّى يغنّي غناء	correspondant مراسل
chanteur مغن - مطرب	crime إجرام
chanteur principal مغن رئيسي	critique ناقد ج نقاد
	danse رقص يرقص
chapitre فصل ج فصول	danse du ventre رقص شرقي
charbon de bois فحم	dégoûtant مقزز
chef d'oeuvre	design صمّم يصمّم
cinématographique تحفة ج تحف سينمائيّة	design de costumes تصميم الأزياء
chœur جوقة ج جوقات	dessin, peinture رسم ج رسوم
cinéma سينما	dessiner, peindre رسم يرسم رسم
cinématographie تصوير	
classification تصنيف	dessins animés الرسوم المتحرّكة
collection de poésie ديوان ج دواوين	dévouement إهداء إلى
colonne عمود ج أعمدة	diffuseur مذيع
comédie كوميديا	direct مباشر
compositeur ملحّن	directeur مخرج
concert حفلة موسيقيّة	distingué, supérieur مميّز

مراجعة ج مراجعات examen	وزّع يوزّع توزيع distribuer
رائع excellent	مسل divertissant
مثير - excitant, excitation	تسلية divertissement
إثارة	وثائقي documentaire
مألوف familier	دراما drame
مهرجان ج مهرجانات festival	مضحك drôle
فيلم ج أفلام film	إخفاق échec, flop
ناي ج نايات flûte de bambou	شاشة ج شاشات écran
فاز يفوز gagner un Oscar	كاتب ج كتاب écrivain
بجائزة أوسكار	تحرير édition
فرقة ج فرق groupe	مؤثّرات صوتيّة effets sonores
حربي guerre	مؤثّرات تقنيّة effets spéciaux
عازف الجيتار guitariste	مؤثّرات بصريّة effets visuels
héros, personnage	ممل ennuyeux
بطل ج principal, champion	سجّل يسجّل تسجيل enregistrer
أبطال	ملحمي épique
تاريخي historique	حلقة ج حلقات épisode
رعب horreur	مذهل étonnant
مقدم hôte	تقييم évaluation
مضيّف hôte de la cérémonie	مبالغ exagéré

الحفل	
idiot, ridicule سخيف	maquillage مكياج
imaginaire خيالي	mélodie لحن ج ألحان - نغم ج أنغام
index فهرس ج فهارس	mémoires مذكرات
instrument de musique آلة ج آلات موسيقيّة	merveilleux, étonnant خارق
interview مقابلة	montrer par exemple un film ou une pièce de théâtre عرض يعرض عرض
introduction مقدّمة ج مقدّمات	
jouer un instrument عزف يعزف عزف على	mosaïque فسيفساء
	mot كلمة ج كلمات
jouer un rôle لعب يلعب دورا	musical موسيقي
journal جريدة ج جرائد - صحيفة ج. صحف	musique موسيقى
	mystère, puzzle لغز
journalisme, presse صحافة	mystérieux غامض
journaliste صحفي	négatif سلبي
ligne سطر ج سطور	obituaire الوفيّات
littérature أدب ج آداب	ordinaire عادي
livre كتاب ج كتب	oud, lute عود ج أعواد
magazine مجلة ج مجلات	page صفحة ج صفحات
magazine féminin مجلة نسائيّة	paragraphe فقرة ج فقرات

شعبي populaire	كلمات paroles de chansons
ايجابي positif	أغنية ـ كلمات أغان
فخار poterie	رسام peintre, artiste
قصيدة ج قصائد poème	طلاء peinture
شاعر ج شعراء poète	طلاء الزيت peinture à l'huile
شعر ج أشعار poésie	أداء ج أداءات performance
منتج producteur	شخصيّة ج شخصيّات personnage
أنتج ينتج إنتاج produire	
برنامج ج برامج programme	خسارة الوقت perte de temps
ترويج promotion	قصة ج قصص قصيرة petite histoire
تمهيد préface, introduction	
إعلان ج إعلانات publicité	إعلانات مبوبة petites annonces
تقرير ج تقارير rapport	
نادر rare	صورة ج صور ـ تصوير photo, photographie
واقعي réaliste	
رئيس تحرير rédacteur en chef	مصور photographe
	جملة ج جمل phrase
ترفيه relaxation	مسرحيّة ج مسرحيّات pièce de théâtre
تحقيق صحفي ـ روبورتاج reportage	
	ملئ ب plein de

représentation, mode de réalisation تجسيد	مسلسل ج مسلسلات série télévisée
réseau شبكة ج شبكات	برعاية sous le parrainage de
revenus إيراد ج إيرادات	مترجم sous-titré
rock star نجم ج نجوم الروك	متميّز spécial, distingué
rôle دور ج أدوار	نجم ج نجوم star, étoile
rôle vedette دور البطولة	تمثال ج تماثيل statue
roman رواية ج روايات	نجاح succès
romance رومانسي	ممتاز superbe
ruban شريط ج شرائط	على الهواء sur l'air
scénario adapté سيناريو مقتبس	مدبلج surnommé
scénario original سيناريو أصلي	قائمة المحتويات table des matières
scénariste كاتب السيناريو	طبلة ج طبل tambour
science fiction خيال علمي	تلفزيون ج تلفزيونات télévision
script, scénario سيناريو ج سيناريوهات	مفزع terrifiant, effrayant
	نصّ ج نصوص texte, passage
sculpter نحت ينحت نحت	مسرح ج مسارح théâtre
scène مشهد ج مشاهد	القصّة المثيرة thriller
série سلسلة ج سلاسل	نسيج tissage

tour جولة غنائية
travaux complets أعمال كاملة
unique فريد
verset بيت ج أبيات
violon كمان
voix, son, vote صوت ج أصوات

11. La police, les crimes

الشرطة، الجرائم

accusé de, accuser - متّهم ب - إتّهم يتّهم إتّهام
acquit أبرأ يبرئ
allégation زعم يزعم
amende غرامة ج غرامات
appel محكمة الإستئناف
arrêter إعتقل يعتقل - قبض يقبض على
assassinat قتل
avocat محام ج محاميون
avouer إعترف يعترف
cambriolage سطو
cas, procès قضيّة ج قضايا
cellule de prison زنزانة ج زنزانات
chaînes سلاسل م سلسلة
chaise électrique الكرسي الكهربائي
chantage إبتزاز
commerce de drogues متاجرة مخدرات
condamné ب محكوم
contrebande تهريب
condamner أدان يدين
corruption إرتشاء - رشوة
coupable مذنب ج مذنبون
crime جريمة ج جرائم
criminalité إجرام
criminel مجرم ج مجرمون
défense دفاع
déni de justice حرمان من العدالة

détournement de fonds	إختلاس	يفرج	
emprisonnement	حبس	meurtrier	سفّاح - قاتل
emprisonnement à perpétuité	السجن المؤبّد	pardon	عفا يعفو
enchaîné, menotté	مكبّل	participation, impliqué	ضلع ج ضلوع - متورّط
exécuter	أعدم يعدم	peine de mort	حكم الإعدام
extrader	سلم يسلم	pillage	نهب
fraude	إحتيال	possession de drogue	حيازة مخدرات
gibet	مشنقة ج مشانق	poursuivre en justice	قاضى يقاضي
illégal	غير قانوني	preuve	دليل ج أدلّة
injection létale	الحقنة القاتلة	prison	سجن ج سجون
innocent	برئ ج أبرياء	prisonnier	أسير ج أسرى - سجين ج سجناء
juge	قاض ج قضاة	procès	محاكمة
juger	حكم ج أحكام على	prouver	دلّ يدلّ
juré	محلّف ج محلّفون	prétendre	زعم يزعم
jury	هيئة محلّفين	prétention	إدّعاء
juste	عادل	punition	عقاب - عقوبة ج
justice	عدالة - عدل		
libérer	أطلق يطلق سراح - أفرج		

عقوبات
suspect مشتبه في ـ اشتبه ـ يشتبه في
témoin شاهد ج شهود
témoin oculaire شاهد عيان
tribunal محكمة ج محاكم
victime ضحيّة ج ضحايا
viol إغتصاب
vol سرقة

12. La Migration   الهجرة

abus de pouvoir إستغلال السلطة
acceptation موافقة
accès consulaire إمكانيّة الإتّصال بمسؤولي القنصليّة
accordant le statut de réfugié منح صفة اللاجيء
activité illégale نشاط غير شرعي
agence de contrôle des frontières منظمة مراقبة الحدود
agent administratif étudiant le cas معالج القضية
agent juridique مستشار قانوني عام - وكيل قانوني

ajustement culturel تكيّف ثقافي
alliance internationale عهد دولي
ancien réfugié لاجئ سابق
application bien fondée طلب مبرّر - طلب له ما يبرّره او ذو اسباب مبرّرة
application des décisions تنفيذ قرار
arrestation arbitraire إحتجاز تعسّفي
assaut إعتداء - تهجّم
assistance à l'aéroport تقديم المساعدة في المطارات
assistance humanitaire مساعدة إنسانيّة
authenticité du document de voyage صحّة وثيقة السفر

autorisation d'appel, autorisation de faire un recours إذن بالاستئناف	certification d'identité شهادة الهويّة
autorité compétente سلطة مختصّة	charge de preuve, obligation de preuve عبء الاثبات - واجب الاثبات
base de données قاعدة البيانات - قائمة بيانيّة - بنك المعلومات - بنك البيانات	choc culturel صدمة ثقافيّة
	citoyenneté مواطنيّة - جنسيّة
	citoyens مواطنون
besoins de protection subsidiaire - تحت حماية بديلة - شخص بحاجة الى حماية بديلة	confidentialité, devoir de confidentialité واجب كتمان السر - سرّيّة
bureau d'immigration مكتب الهجرة	confiscation du passeport مصادرة جواز السفر
camp d'internement معسكر إحتجاز	conflit armé صراع مسلّح
	congé exceptionnel pour rester إقامة إستثنائيّة
camp de concentration معسكر إعتقال	conflit interne صراع داخلي
centre d'accueil مركز الإيواء	contrebandier, trafiqueur مهرّب
centre de détention مركز الإحتجاز - مركز توقيف	contrôle du document

ممثّل -	مراجعة الوثيقة
demander يطالب	contrôles aux frontières
demandeur d'asile طالب اللجوء - مقدم طلب اللجوء	ضوابط حدوديّة
démolition de maisons تدمير المنازل	consultation استشارة - نصيحة
	criminalisation تجريم
déni d'entrée عدم السماح بالدخول	danger imminent خطر وشيك
départ مغادرة	date limite مهلة
déplacement نزوح السكّان	décision du Ministère de l'Intérieur قرار وزارة الداخليّة
déplacement constant نزوح متواصل	déclaration d'acceptation, déclaration d'accepter la décision - التصريح بالرضى - الاعلان بقبول القرار
déplacement forcé نزوح قسري	
dépopulation إخلاء سكّاني	déclaration de statut de protection d'un autre type تصريح حماية من نوع آخر
déportation إبعاد - ترحيل	
déportation immédiate ابعاد فوري	déclaration de statut de réfugié تصريح وثيقة لجوء
dépositaire المودع لديه	dégradant مهينة
destination وجهة	délégué, représentant وكيل

détention administrative	سفر
حجز اداري	وثيقة document modifié
détenu	محوّرة - وثيقة مبدّلة
معتقل	documentation frauduleuse
déviation, dévié - تهرّب	وثائق مزوّرة
متهرّب - متخلّف - متغيّب	domicile محل الإقامة الدائم
devoir de dire la vérité	droit de la publicité et de la
واجب قول الحقيقة	confidentialité قانون العلنيّة
diaspora جالية	والسرّيّة
directive de retour تعليمات	droit fondamental du
العودة - توجيهات العودة	migrant حقّ أساسيّ للمهاجر
discrimination تمييز - تفرقة	droits حقوق
dissimulation des	échange humain تبادل بشري
naissances إخفاء المواليد	émigration هجرة من
diversité culturelle التنوّع	employé موظّف
الثقافي	enfants mineurs
document contrefait وثيقة	dépendants أطفال قصر معالون
مزوّرة	enlèvement إختطاف
document d'identité وثيقة	enlèvement forcé إزاحة
الهويّة	إجبارية
document de voyage وثيقة	

enquête d'asile	تحقيق في طلب اللجوء - تحقيق باللجوء
entrée	دخول
entrée illégale	دخول غير شرعي
esclavage	عبوديّة
escorte frontalière	مرافقة على الحدود
état-nation	الدولة القوميّة
ethnicité	العرق - القوميّة - الإثنية
étranger	أجنبي - غريب
étranger illégal	أجنبي مقيم بصفة غير شرعيّة
évacuation	إجلاء
événements	ظروف
éviction forcée	إخلاء قسري
exclusion	إقصاء
exilé	منفى
expertise	خبرات
exploitation	إستغلال
exploitation sexuelle commerciale	إستغلال الجنس تجاريا
expulsion, déportation	إبعاد - طرد
extradition	تسليم المجرمين
extradition nationale	تسليم الرعية
extrait du registre de la population	قيد النفوس
faux document, fausse identité	وثيقة مزوّرة
fermeture de la frontière	إغلاق الحدود
flux aléatoire	تدفّق عشوائي
fondation, base	اساس - قاعدة
frontière	حدود
gagner de la force légale	اكتسب الصبغة القانونيّة - دخل حيز

intégration économique إندماج إقتصادي	التنفيذ
lecteur de documents جهاز فحص الوثائق	gouvernance حكم رشيد
législation sur l'immigration تشريعات خاصة بالهجرة	guerre civile حرب أهلية
	hébergement إيواء
liberté de mouvement حريّة الانتقال	identité هوية
logement سكن - إسكان	immigrant forcé مهاجر قسري
logement approprié سكن لائق	immigration هجرة الى
loi administratif القانون الاداري	indemnité d'asile تعويض اللجوء
	indiquer, être basé sur يشير على - يستند على
loi sur les étrangers قانون الاجانب	infiltré تسلّل
lutte contre le trafic مكافحة الإتّجار بالأشخاص	influx تدفقات
	inhibition تعليق القرار - وقف التنفيذ
marché international du travail سوق العمل الدولي	interdiction de retour منع العودة
	intimidation ترهيب
	intolérance عدم الإحتمال
	intégration اندماج

migration involontaire الهجرة غير الطوعيّة	mariage forcé زواج إجباري
mineur قاصر	mesures, procédures اجراءات
mise en danger des enfants تعريض الاطفال للخطر	mesures à la frontière تدابير حدوديّة
mondialisation, globalisation العولمة	migrant, migration - المهاجر - الهجرة
motifs d'asile revendiqués اسباب اللجوء المطروحة او المقدّمة	migrant documenté مهاجر شرعي
mouvement transfrontalier حركة عبر الحدود	migration à des fins d'exploitation الهجرة لأغراض التشغيل
multiculturalisme التعدّديّة الثقافية	migration de main-d'œuvre hautement qualifiée هجرة العمّالة ذات المهارة العالية
naturalisation التجنّس	migration forcée هجرة قسريّة
nettoyage ethnique تطهير عرقي	migration illégale هجرة غير قانونيّة
numéro d'identification, numéro de dossier رقم الملف - رقم المعاملة - رقم الطلب - رقم القضيّة - رقم بطاقة طالبي اللجوء -	migration internationale هجرة دوليّة

وطن - موطن patrie, habitat	رقم الاضبارة
فقر pauvreté	واجب obligation
بلد المنشأ pays d'origine	obstacles à l'application de la décision عوائق التنفيذ
بلد المقصد - بلد الإستقبال pays de destination	عرقلة - إعاقة obstruction
بلد العبور pays de transit	officier en charge d'étudier le cas معالج القضيّة
بلد مضيّف pays hôte	ابداء الرأي - تعليق - تصريح - مذكرة - عريضة opinion
بلد ثالث آمن pays tiers sécurisé	
إذن بالاستئناف permission de faire un recours	أمر إبعاد - أمر ترحيل ordonnance d'expulsion
نازح داخليّا personne déplacée à l'intérieur du pays	التوجيه الثقافي orientation culturelle
النازحون - النزوح personnes déplacées, déplacement	الحاضن - ولي الامر parent, gardien
إضطهاد عرقي persécution ethnique	شراكة منزلية partenariat à domicile
نقطة إنطلاق point d'embarquement	مرور ميسّر passage facilité
	جواز سفر للأجانب passeport pour les étrangers

point de contrôle نقطة تفتيش	بلد اللجوء الاول
point de destination نقطة المقصد	probablement محتمل - مرجّح
point de passage de la frontière نقطة عبور حدوديّة	procédure d'extradition إجراء تسليم
politique d'immigration سياسة الهجرة	programme d'amnistie برنامج العفو العام
population dispersée جالية مشتّتة	prostitution des enfants إستغلال الأطفال في البغاء
population en fuite سكّان فارّون	protection تحت الحماية - بحاجة للحماية
pornographie juvénile إستخدام الأطفال في انتاج المواد الإباحية	prouver, prouvé, renforcé اثبت - مثبّت
position juridique موقف قانوني	racisme عنصريّة
pratique discriminatoire ممارسة تمييزيّة	recours طعن - استئناف
premier pays où la personne a demandé l'asile	refoulement قمع
	réfugié لاجئ
	réfugié sans statut légal لاجيء بدون صفة قانونيّة
	refus, déportation, expulsion رفض - إبعاد - طرد

registre de la population سجل النفوس	restaurer le support du plan de l'établissement اعادة دعم لترسيخ ـ اعادة مساعدة الترسيخ او التأسيس
registre fiscal - السجل العدلي سجل السوابق العدليّة ـ سجل الاسبقيّات	retour assisté مساعدة على العودة
règlement Dublin إتّفاقيّة دبلن - مرسوم دبلن	retour volontaire عودة طوعيّة
regroupement familial إرتباط او لمّ شمل عائلي ـ إعادة لم شمل الأسرة	rupture de contrat إخلال بعقد
	sans-abri بلا مأوى ـ مشرد
	séjour اقامة ـ تواجد
relations compliquées entre les pays علاقات متشابكة بين البلدان	séjour exceptionnel إقامة إستثنائيّة
	situation de conflit حالة نزاع
renoncer au droit de l'asile تنازل عن حق اللجوء	société civile مجتمع مدني
	stage عمل تطبيقي ـ تدريب مهني
résidence habituelle إقامة إعتياديّة	subvention financière منحة ماليّة
	statut de réfugié صفة اللجوء
responsabilité pénale des migrants مسؤوليّة المهاجر الجنائيّة	statut de déclaration de protection subsidiaire

تصريح الحماية البديلة	travail des enfants عمل الأطفال
surveillance إشراف - مراقبة	travail forcé عمل قسري
territoire homogène منطقة متجانسة	travail obligatoire عمل قسري - عمل اجباري
timbre d'entrée ختم دخول	travailleur domestique عامل منزلي
trafic déguisé تجارة متنكرة	violence domestique عنف أسري
trafic illicite de migrants تهريب المهاجرين	xénophobie إرهاب الأجانب
trafiqueur, trafiqueur des êtres humain مهرّب - مهرّب البشر	
traite des personnes الاتّجار بالأشخاص	
transfert transfrontalier تحويل عبر الحدود	
transport illégal de migrants نقل المهاجر بصورة غير مشروعة	
transport terrestre نقل بري	
transports وسائط النقل	

13. La politique, les organisations, les religions, les communautés, l'élection

السياسة، المنظّمات، الأديان، المجتمعات، الانتخابات

abstention	امتناع - عدم المشاركة
accepter les résultats	التسليم بالنتائج
accuser de fraude	اتّهام بالغشّ
actes de violence	أعمال العنف
administration	ادارة ج ادارات
affaire	شأن ج شؤون
afficher le signe de la victoire	لوّح بعلامة النصر
affilié à un parti sécessionniste	منتم إلى حزب انفصالي
agence	وكالة ج وكالات
agent, adjoint	وكيل ج وكلاء
Al-Qaïda	تنظيم القاعدة
Alawite	علوي
alliance de partis régionalistes	تحالف الأحزاب الإقليميّة
ambassade	سفارة ج سفارات
ambassadeur	سفير ج سفراء
amendement	تعديل ج تعديلات
Amnesty International	منظّمة العفو الدوليّة
analyse	تحليل
anarchisme	فوضويّة
antisémitisme	معاداة الساميّة
appel au boycott	دعوة للمقاطعة

assemblée générale الجمعيّة العامّة	campagne حملة ج حملات
association de groupe جماعة ج جماعات	campagne électorale حملة إنتخابيّة
athéisme الإلحاد	candidat مرشّح ج مرشّحون
autorité سلطة ج سلطات	capitalisme رأسمالية
autorité de l'autorité gouvernementale هيئة ج هيئات حكومية	carte d'électeur non valide بطاقة ناخب غير صالحة
	catholique كاثوليك
bahaa'isme البهائية	centre électoral مركز انتخابي
bloc كتلة ج كتل	Chambre des représentants des États-Units مجلس النواب في الولايات المتحدة
bloc parlementaire كتلة نيابيّة	
bouddhisme البوذية	chantage إبتزاز
Brigade des Martyrs d'Al-Aqsa كتائب شهداء الأقصى	chrétien مسيحي
	christianisme المسيحيّة
bulletin de vote truqué ورقة تصويت مزورة	citoyen مواطن ج مواطنون
	coalition التحالف
bureau de poste منصب ج مناصب	coexistence تعايش
	colonie مستعمرة ج مستعمرات
bureau de vote مكتب اقتراع	comité لجنة ج لجان

communisme شيوعيّة	مساهمات
compétiteur منافس ج منافسون	copte قبطي ج أقباط
conférence de presse مؤتمر صحفي	corrompu فاسد
	corruption - رشوة - إرتشاء فساد
congrès américain الكنغرس	
connexion واسطة	cour suprême المحكمة العليا
conscience ضمير	course à la présidence سباق رئاسي
conseil de coopération du golfe, GCG مجلس التعاون لدول الخليج العربيّة	crime d'honneur جريمة ج جرائم شرف
conseil مجلس ج مجالس	Croissant Rouge الهلال الأحمر
conseil de sécurité مجلس الأمن	Croix-Rouge الصليب الأحمر
conseiller مستشار ج مستشارون	débat مناظرة ج مناظرات
conservateur محافظ	décision, résolution قرار ج قرارات
constitution دستور ج دساتير	
contestation des résultats, recours إعتراض - إستئناف	déclaration du candidat élu تصريح المرشّح المنتخب
contre ضدّ	délai مهلة
contribution مساهمة ج	délai de contestation مهلة

الإعتراض	droit d'avoir un procès équitable حقّ المحاكمة العادلة
délégation وفد ج وفود	droit de vote حقّ التصويت
délégué, envoyé ج مبعوث	droit à la vie privée حقّ الخصوصيّة
مبعوثون	
démission استقالة	droits de l'homme حقوق الإنسان
démission du premier ministre استقالة رئيس الوزراء	droits des femmes حقوق المرأة
démocratie ديموقراطيّة	
dépasser les rivaux التغلّب على المنافسين	droits des minorités حقوق الأقلية
délégué, député نائب ج نواب	druze دروزي ج دروز
détournement de fonds إختلاس	égalité مساواة
despote, tyran طاغية	électeur ناخب ج ناخبون
dictature ديكتاتوريّة	élection انتخاب ج انتخابات
dignité كرامة	élections législatives الانتخابات البرلمانيّة
discrimination تمييز	
diversité تنوّع	élections municipales الانتخابات البلديّة
doctrine مذهب ج مذاهب	
droit حقّ ج حقوق	élections présidentielles

إحتيال fraude	الانتخابات الرئاسيّة
تزوير fraude électorale الإنتخابات	empire ج إمبراطوريّة إمبراطوريّات
front populaire pour la libération de la Palestine الجبهة الشعبيّة لتحرير فلسطين	équipe de conseillers فريق من المستشارين
إبادة جماعيّة génocide	esclavage عبوديّة
gouvernement ج حكومة حكومات	escroquerie نصب
gouvernement de coalition حكومة ائتلافيّة	excéder تجاوز
gouvernement fédéral حكومة اتحاديّة	exécutif تنفيذي
gouvernement local الحكومة المحلّيّة	exploitation sexuelle الإستغلال الجنسي
gouverneur ج حكّام حاكم	fascisme فاشية
Groupe des Huit, G8 مجموعة الثماني	favoritisme محاباة
Hamas حركة المقاومة الإسلاميّة حماس	fondation institutionnelle مؤسسة ج مؤسسات
	Fonds Monétaire International, FMI صندوق النقد الدولي
	fraternité musulmane الإخوان المسلمين

harcèlement sexuel التحرّش الجنسي	justice عدل - عدالة
Hezbollah حزب الله	laïcité علمانيّة
hindouisme الهندوسيّة	leader زعيم ج زعماء
homophobie رهاب المثليّة	libéral ليبرالي
Human Rights Watch مراقبة حقوق الإنسان	liberté حريّة
	liberté d'expression حرّيّة التعبير عن الرأي
immigrant مهاجر ج مهاجرون	liberté d'opinion حرّيّة الرأي
indépendance إستقلال	liberté de presse حرّيّة الصحافة
infidèle كافر ج كفّار	
intelligence مخابرات	liberté de religion حرّيّة الأديان
islam الإسلام	
issue قضيّة ج قضايا	ligue arabe جامعة الدول العربيّة
jaïnisme الجانية	loi قانون ج قوانين
jihad islamique الجهاد الإسلامي	législatif تشريعي
	maire عمدة ج عمد
judaïsme conservateur اليهوديّة المحافظة	majorité أغلبيّة - أكثريّة
	majorité écrasante الأغلبيّة الساحقة
judiciaire قضائي	
juif يهودي ج يهود	mandat إنتداب

ماروني ج موارنة maronite	ministère de l'intérieur وزارة الداخلية
مذبحة ج مذابح massacre	ministère de la culture وزارة الثقافة
عضوّ ج أعضاء membre	
وزارة ج وزارات ministère	ministère de la défense وزارة الدفاع
ministère de l'agriculture وزارة الزراعة	ministère de la justice وزارة العدل
ministère de l'enseignement supérieur وزارة التعليم العالي	ministère de la santé وزارة الصحة
ministère de l'économie et de la planification وزارة الإقتصاد والتخطيط	ministère des affaires étrangères وزارة الخارجيّة
ministère de l'éducation وزارة التربية والتعليم	ministère des affaires islamiques et des dotations وزارة الأوقاف والشؤون الإسلاميّة
ministère de l'énergie et des ressources minérales وزارة الطاقة والثروة المعدنيّة	ministère des communications et du transport وزارة الإتصالات والنقل
ministère de l'industrie et du commerce وزارة الصناعة والتجارة	ministère des finances وزارة

المالیّة	musulman مسلم
ministère des ressources en eau et de l'irrigation وزارة الموارد المائیّة والري	mutilation génitale féminine ختان الإناث
ministère des services civils وزارة الخدمة المدنیّة	Médecins Sans Frontières منظّمة أطبّاء بلا حدود
ministère des travaux publics et du logement وزارة الأشغال العامة والإسكان	nation, patrie وطن ج أوطان
	nationalisme قومیّة
	nationalisme arabe القومیّة العربیّة
ministère du développement social وزارة التنمية الإجتماعیّة	négligence اهمال
	nettoyage ethnique تطهير عرقي
ministère du tourisme et des antiquités وزارة السياحة والآثار	néoconservateur محافظ جديد
	népotisme محاباة الأقارب
	officiel مسؤول ج مسؤولون
ministre وزير ج وزراء	ONU, organisation des nations unies الأمم المتحدة
monarque عاهل ج عواهل	
monothéisme توحيدية	OPEP منظّمة الدول المصدرة للنفط
moral أخلاق م خلق	
mouvement حركة ج حركات	opinion رأي ج آراء

opposer عارض يعارض	سياسي
معارضة	عدد سكان population
oppression ظلم	متحدّث باسم porte-parole
Organisation mondiale de la Santé, WHO منظّمة الصحّة العالميّة	pourcentage نسبة ج نسب
	préjudice تحيّز
Organisation mondiale du Commerce, OMC منظّمة التجارة العالميّة	premier ministre رئيس الوزراء
	président رئيس ج رؤساء
orthodoxe أورثودوكس	prince أمير ج أمراء
paganisme وثنيّة	prince héritier ولي العهد
paix سلام	principe مبدأ ج مبادئ
parlement برلمان	propagande, publicité دعاية
parti حزب ج أحزاب	prostitution دعارة
patriotisme وطنيّة	protection حماية
pays دولة ج دول	protestant بروتستانت
persécution إضطهاد	racisme عنصرية
pluralisme تعدّد - تعدّدية	référendum إستفتاء ج إستفتاءات
polémique sur جدل حول	réforme إصلاح ج إصلاحات
politique سياسة ج سياسات -	réformer le judaïsme اليهوديّة

طائفة ج طوائف secte	الإصلاحيّة
أمن - سلامة sécurité	دين ج أديان religion
مجلس الشيوخ Sénat Américain	أجّل reporter les élections الإنتخابات
جلسة ج سات session	ممثل ج ممثلون représentant
التمييز الجنسي sexisme	قمع répression
شيعي ج شيعة shi'ite	جمهورية république
السيخية sikhisme	المسؤول عن محطّة الاقتراع responsable du bureau de vote
شعار ج شعارات slogan	قيود على restrictions sur
اشتراكيّة socialisme	نتيجة ج نتائج résultat
صاحب السمو الملكي Son Altesse Royale	نتائج الانتخابات résultats des élections
إستطلاع ج إستطلاعات sondage	النتائج الرسميّة résultats officiels
دعم يدعم دعم soutien	
سيادة souveraineté	ملك ج ملوك roi
إستقرار stabilité	مملكة ج ممالك royaume
معيار ج معايير standard	جلالته Sa Majesté
إحصاءات statistiques	فضيحة ج فضائح scandale
الصوفيّة sufisme	الأمين العام secrétaire général
سنّي ج سنّة sunnite	

taoïsme الطاوية	viol إغتصاب
tolérance تسامح	violence domestique العنف المنزلي
torture تعذيب	
totalitarisme شموليّة	voix صوت
trafic d'esclaves blancs تجارة الرقيق الأبيض	vol سرقة
	voter, vote صوّت يصوّت تصويت ـ صوت ج أصوات
trafic d'êtres humains الإتّجار بالبشر	World Bank البنك الدولي
trafic sexuel الاتّجار بالجنس	Zoroastrisme الزرادشتيّة
transparence شفافيّة	
tyran مستبدّ	
tyrannie إستبداد	
unanimité des milieux politiques إجماع الأوساط السياسية	
Union Européenne, EU الإتّحاد الأوروبّي	
unité وحدة	
veto نقض	
victoire فوز	

14. Les médias

وسائل الإعلام

abandonner إستغنى يستغني
activité ج نشاطات نشاط
adopter, prendre la responsabilité de تبنّى - يتبنّى
adversaire خصم ج خصوم
affaire, négociation صفقة ج صفقات
agence de presse وكالة الأنباء
agiter حرّض - يحرّض
annonce de service public de télévision إعلان تليفزيوني للخدمات العامة

appartenir à إنتمى - ينتمي
apprivoiser روّض يروّض ترويض
artistes visuels فنّانون المرئيّات
aspirer تطلّع يتطلّع تطلّع إلى
attirer l'attention sur تسليط الضوء على - نبّه ينبّه
autodétermination تقرير المصير
avantage فائدة ج فوائد - مزية ج مزايا
axe, point central محور ج محاور
ayant des dimensions historiques ذو أبعاد تاريخيّة
banquet وليمة ج ولائم
bien connu ذائع الصيت
bien informé, informé مطّلع على
captivité أسر

منوّط ب	chef de la maison
إحتواء confinement	ربّ الأسرة
شوّش يشوّش confondre	مخرج أفلام cinéaste visuel
قهر يقهر conquérir	واضح clair
كرّس يكرّس consacrer sa vie تكريس حياته ل	ضجّة clameur
وعي conscience	classement par sujet التصنيف حسب الموضوع
مؤامرة ج مؤامرات conspiration	commencer, commencer par شرع - يشرع
بنى - يبني construire	commettre, perpétrer إرتكب يرتكب إرتكاب
متضارب contradictoire, discret	communiqué de presse vidéo بيان صحفيّ مصوّر بالفيديو
أقنع يقنع convaincre	شاطر يشاطر مشاطرة compatir
تقليدي conventionnel	معقد compliqué
تنسيق coordination	comprendre, saisir إستوعب يستوعب
تغطية couvrir, dissimuler على	مفهوم ج مفاهيم concept
مصداقية crédibilité	conclusion, déduction إستنتاج
قاس cruel	conditionnel, dépend de
دبّر يدبّر تدبير débrouiller	

de ce genre, comme celui-ci, tel من هذا القبيل	déviation إنحراف
différencié متباين	données basées sur le temps البيانات التي تستغرق وقتا زمنيّا
distorsion, déformation تشويه	échec إخفاق ج إخفاقات
divulguer, exposer فضح يفضح فضح	éligibilité لياقة
débat سجال	émerger, apparaître ظهر يظهر
décisif حاسم	en croissance متنام
déficience, état défectueux, déséquilibré خلل	en vigueur سائد
défier تحد	énorme ضخم
démanteler فكّ يفكّ فكّ	essentiel أساسي
dénonciateur - كاشف الأسرار - كاشف الخبايا - مسرب - فاضح - واشي	éteint منقرض
	être incapable de عجز - يعجز
dépasser إجتاح يجتاح إجتياح	être intégré à إندمج - يندمج
dépendent, est basé sur توقّف يتوقّف توقّف على	être libre, être sauvé de تخلّص - يتخلص
	être lourd, avoir un pouvoir abusif تعسّف - يتعسّف
détails تفاصيل	être prédominant,

90

tyranniser طغى - يطغى	fonction de chien de garde مهمّة الرصد والرقابة
évident, remarquable ملحوظ	forcer, obliger أجبر يجبر
exagérer بالغ يبالغ	formulaire, application إستمارة ج إستمارات
existant قائم	forum منبر ج منابر
expression مصطلح	fossile أحفور ج أحافير
faciliter سهل يسهل	frustration إحباط
faire un recours طعن يطعن	fuir هرب يهرب
faits حقائق	gain عائدة ج عوائد
falsifier لفق يلفق تلفيق	garantir كفل يكفل
fatidique مصيري	géant عملاق ج عمالقة
faux ملفق	généralisation تعميم
favoriser, privilégier رجح يرجح	glisser vers إنزلق ينزلق إنزلاق ل
fenêtre de notification نافذة للإعلام	glorieux مجيد
finir avec, conclure إختتم يختتم	grand جسيم - كبير
fissure صدع ج صدوع	héritage تركة ج تركات
flagrant, indigne صارخ	hériter ورّث يورّث توريث
fluctuent تراوح يتراوح	horrible بشع

أدلى يدلي livrer un discours à ادلاء ب حديث ل	فكرة ج أفكار idée
إمتدح يمتدح louange	وهم ج أوهام illusion
أشاد يشيد louer	خيال imagination, fantaisie
ولاء loyauté	تخيّل يتخيّل تخيّل imaginer
وساطة médiation, intercession	جمود سياسي impasse politique
ذكر يذكر ذكر mentionner	دشن يدشن تدشين inaugurer
قلص يقلص تقليص minimiser	حافز ج حوافز على inciter
وتيرة ج وتائر mode, rythme, tonalité	لا مبالاة indifférence, apathie
معنويّات moral, humeur	قلق inquiétude
ناضج mûr	أصر يصر إصرار على insister
التوجيه داخل الأنفاق navigation à l'intérieur des tunnels	إستجوب يستجوب إستجواب interroger
ضروري nécessaire	باطل invalide, sans fondement
عادي normal, habituel	ناشئ jeune, en croissance
ضار nuisible	إنضمّ ينضمّ joindre
إعترض يعترض opposer un objet à	صحفي مخضرم journaliste vétéran
	شرعيّة légitimité

oral شفهي	précision exacte دقيق - دقّة
organiser ترتّب يترتّب	préférer فضّل يفضّل
paniquer, avoir une phobie de هلع من	prendre, adopter إتّخذ يتّخذ إتّخاذ
participation إنخراط في	préparer هيّأ يهيّئ
pays en développement دول نامية	prétendre, affirmer زعم يزعم
	prétention إدّعاء ج إدّعاءات
percée إختراق	priorité أولويّة ج أولويّات
période tarifaire الفترة التعريفيّة	proéminent بارز
	programme syndiqué برنامج متعدّد القنوات
petit, léger ضئيل	
piège فخّ ج فخوخ	promouvoir, faire de la propagande pour روّج يروّج
point négatif سلبية ج سلبيات	
point positif إيجابيّة ج إيجابيّات	prospérer إزدهر يزدهر
polariser إستقطب يستقطب	proximité محاذاة
polémique جدل	punition collective عقاب جماعي
poser une question طرح يطرح	
	quantité كمّيّة ج كمّيّات
position difficile موقف حرج	réalité واقع
poursuivre إنتهج ينتهج إنتهاج	rejoindre إلتحق يلتحق

répandre, circuler أشاع يشيع	suffire كفى يكفي كفاية
réputation سمعة	suivant تالي
ressembler, être similaire شابه يشابه	supplier إلتمس يلتمس
reste بقيّة ج بقايا	sur le seuil de على أعتاب
restreindre قيّد يقيّد تقييد	sympathiser avec تعاطف يتعاطف
saisir le contrôle sur إنتزع ينتزع السيطرة على	synthèse du débat - دمج - توليف - تجميع النقاش
sauvage همجي	témoigner شهد يشهد
sauver أنقذ ينقذ انقاذ	terminologie مصطلح ج مصطلحات
se contenter de إكتفى - يكتفي	théorie نظريّة ج نظريّات
se préparer تأهّب يتأهّب	toucher تطرّق يتطرّق
situation critique موقف حرج	traîtres, mécontents - أوغاد - خونة - فاجرون - لئام
solidarité avec تضامن مع	troubles إضطراب ج إضطرابات
spectacle syndiqué برنامج شهير	trouver un moyen d'échapper لاذ يلوذ بالفرار
stéréotype صورة نمطية	utilisation, utilitaire نفع
stopper, arrêter أوقف يوقف إيقاف	
substantiel جوهري	

valeur قيمة
verbal لفظي
vérité amère الحقيقة المرّة
vice, dépravation رذيلة ج رذائل
vidéoconférence اللقاءات عبر الفيديو ـ الإتّصالات بالصوت والصورة
vignette صورة مصغّرة
vital حيوي
voisin مجاور

15. La guerre   الحرب

accord إتفاقيّة ج إتفاقيّات
agent des relations publiques - agent de contact - مسؤول العلاقات العامّة - مسؤول الإتّصال
agent exécutif - ضابط تنفيذي
قائد ثان - نائب أو مساعد القائد
agent spécial عميل خاص
agression عدوان على
alliance حلف ج أحلاف
allié حليف ج حلفاء
amiral عميد بحري
argument formel المجادلة الشكليّة
arme à feu - سلاح ج أسلحة - سلاح ناري
armée جيش ج جيوش
armes blanches أسلحة بيضاء
armes chimiques أسلحة كيماويّة
armes de destruction massive أسلحة الدمار الشامل
armes moyennes أسلحة متوسّطة
armes nucléaires أسلحة نوويّة
armes nucléaires, biologiques et chimiques الأسلحة النوويّة والبيولوجيّة والكيميائيّة
attaque de fusée avec un chemin guidé صاروخ هجومي ذو مسار موجّه
attaquer, agression, assaut

brigadier général عميد	هاجم يهاجم مهاجمة - هجوم -
bunker ملجأ - غرفة محصّنة تحت الأرض	إعتداء ج إعتداءات - إقتحم يقتحم إقتحام
camp d'entraînement معسكر تدريبي	balises en direct رصاص حي
	balle رصاصة ج رصوص
camp de travail obligatoire معسكر العمل الإلزامي	balles en caoutchouc رصاص مطاطي
capitulation إستسلم يستسلم إستسلام	bataille معركة ج معارك
	bâton هراوة ج هراوات
caporal عريف	blessé جريح ج جرحى
ceinture explosive حزام ناسف	blesser, frapper, blessure أصاب يصيب إصابة
cellule dormante خلية نائمة	blessure جرح ج جراح
cessez-le-feu وقف النيران	bombardement قصف
chef du chevalier قائد فرسان	bombe قنبلة ج قنابل
cibler, avoir comme but استهدف - يستهدف استهداف	bombe atomique قنبلة ذرّيّة
	bombe en grappe قنبلة عنقوديّة
cimetière جبانة ج جبانات	
citerne دبّابة ج دبّابات	bombe intelligente قنبلة ذكيّة
civil مدني ج مدنيون	brigade générale لواء

code de l'agent - كود - رقم - شفرة تعريف العميل	قذائف - قذيفة صاروخيّة
colonel عقيد	corps du cadavre جثة ج جثث
commandant en chef القائد الأعلى	coup إنقلاب
	coup blanc إنقلاب أبيض
	coup de chance ضربة حظّ
commandant sergent principal رقيب أوّل قيادة	décharge déshonorante تسريح غير مشرّف - تسريح معيّب
commandement de mission مهمّة موكّلة	décédé مرحوم
	décéder, décès توفّى يتوفّى وفاة
compromis - تهاون - تسوية - حل وسط	défendant le diable المدافعة عن الشيطان
conflit صراع - نزاع	défense de دفاع عن
confrontation, affrontements ج إشتباك إشتباكات	départ de zéro وقت الإنطلاق من نقطة الصفر
convient pour les yeux مناسبة للعين - مريحة للعين	déploiement de mobilisation نفير وانتشار القوات - نفير القوات لإنتشارها
convois modernes القوافل العصريّة	déployé أرسل إلى الحرب
coquille de missile ج قذيفة	désarmé أعزل ج عزل

désobéissance عصيان	explosion إنفجار ج إنفجارات
dialogue حوار	forages de compromis,
directeur général	formation pour faire face à
responsable المدير العام	la divulgation
المسؤول	d'informations
éclater إندلع يندلع إندلاع	confidentielles تدريبات
effusion de sang سفك الدماء	لمواجهة الإفشاء عن معلومات
embuscade كمين ج كمناء	سرّيّة
en-tête cible رأس الهدف	forces aériennes قوّات جوّيّة
ennemi عدوّ ج أعداء	forces armées قوّات مسلّحة
enterrer دفن يدفن دفن	forces de sécurité
entraînement aérobie اللياقة	gouvernementales قوّات الأمن
الهوائيّة	الحكوميّة
épée سيف ج سيوف	forces paramilitaires قوّات
équipe فريق - الفريق	شبه عسكريّة
être blessé par أصيب يصاب	formation au risque التدريب
ب	على المخاطرة
être tué قتل يقتل	formation sèche التدريب
explosif متفجّر - مفرقعة ج	الجاف
مفرقعات	franchise حقّ الإمتياز - حقّ

الإقتراع	frapper, bombarder ضرب يضرب
funérailles جنازة ج جنازات	
fusil بندقية ج بنادق	
fusée de missiles صاروخ ج صواريخ	
fusil de précision, fusil de sniper بندقية قنّاصة	
garde républicaine الحرس الجمهوري	
gaz lacrymogène الغاز المسيل للدموع	
goniométrie, mesure de l'angle et de la hauteur de l'azimut قياس زاوية السمت والإرتفاع	
grève préventive ضربة وقائية	
guerre حرب ج حروب	
guerre anti-sous-marine الحرب المضادة للغوّاصات	
guerre civile حرب أهليّة	
guerre de procuration حرب بالإنابة - حرب بالوكالة	
guerre froide الحرب الباردة	
homme armé مسلّح ج مسلّحون	
incursion توغل في - غارة ج غارات على	
innocent برئ ج أبرياء	
invasion غزو	
lamenté, pleuré مأسوف	
lance رمح ج رماح	
lance-roquettes قاذف صاروخ ج قاذفات الصواريخ	
léger خفيف	
lieutenant ملازم	
loi martiale الحكم العرفي	
lourd ثقيل	
lutte نضال	
marine البحرية	

martyr شهيد ج شهداء	officier général, brigadier, officier d'équipe ضابط برتبة عميد أو لواء أو فريق
médaille du mérite وسام الإستحقاق	opération suicidaire عمليّة إنتحاريّة
médiateur, intermédiaire وسيط ج وسطاء	pacte ميثاق ج مواثيق
mesures de sécurité strictes تدابير أمنيّة صارمة	parti, mort راحل
militaire عسكري	perte خسارة
mine terrestre لغم أرضيّ ج ألغام أرضيّة	pilote de commandement, pilote senior طيّار آمر - طيّار أوّل
mitrailleuse رشّاش ج رشّاشات	pionnier رائد
mort - وفاة - موت - حتف مصرع	pistolet مسدّس ج مسدّسات
mortier هاون ج هواوين	pistolet à talon كعب البندقيّة
motif aléatoire نمط عشوائي	point de transfert de munitions نقطة نقل الذخيرة
mourrir مات يموت موت	pourparlers محادثات
négociations مفاوضات	privé عسكري
occupation إحتلال	radar aérien رادار جوي
officier ضابط ج ضباط	raid d'une maison داهم يداهم
officier cadet طالب عسكري	

مداهمة	إنسحب ينسحب se retirer
رتبة ج رتب rang	وزير البحريّة الأميركيّة secrétaire de la marine américaine
تمرّد rébellion	
خفض القوات réduire la troupe	عمليّة حجز عسكري séquestration militaire
فوج ج أفواج régiment	
ضبط الإرتفاع réglage de l'élévation	رقيب sergent
	حصار siège, blocus
سلّم يسلّم تسليم remettre, livrer	قنّاص ج قنّاصة sniper
لقى حتفه - لقى مصرعه rencontrer sa mort	جندي ج جنود soldat
أطاح يطوح إطاحة renverser	حلّ ج حلول solution
المخزون الإحتياطي réserve de stocks	ضابط غير مكلّف sous-officiers
مقاومة résistance	نائب وكيل وزارة الدفاع sous-secrétaire de la défense
المقاومة البيئيّة - مقاومة البيئة résistance à l'environnement	متمركز stationné à
	نظم أسلحة تكامليّة systèmes d'armes complémentaires
ثورة ج ثورات révolution	
إستولى يستولي إستيلاء على saisir	système de soutien de la

vie نظام حفظ الحياة	tué, mort قتيل ج قتلى
tactiques militaires du type de sédimentation تكتيكات عسكريّة من نوع السربنة	unités de protection du site وحدات حماية الموقع
test de l'environnemental اختبار المواءمة البيئيّة	vaincre هزم يهزم هزم - هزيمة ج هزائم
théâtre militaire المسرح العسكري	vibration palpitante إهتزاز
	victime ضحيّة ج ضحايا
tir à l'aiguille marteau إبرة إطلاق النار	victoire, triomphe إنتصار ج إنتصارات - نصر
tir à l'entraînement ممارسة اطلاق النار	violence, violent - عنف عنيف
tirer le feu sur أطلق يطلق اطلاق النار على	voiture blindée مدرعة ج مدرعات
tombe قبر ج قبور	voiturette piégée سيارة مفخّخة
traité معاهدة ج معاهدات	zone de combat منطقة مواقع القتال - منطقة المواقع القتاليّة
trêve, armistice هدنة ج هدنات	
tuer قتل يقتل قتل	
tuyau d'arme à feu ماسورة البندقيّة	

17. L'économie
الإقتصاد

absence	غياب - فقدان
absolu	مطلق
accord	إتفاق
accumulé	متراكم
accélérer	يسهّل - يعجّل
accéléré	تعجيل
achat	الشراء
achats	مشتريات
achats annuels	المشتريات السنويّة
acquisition	إكتساب
activités	نشاطات
activités d'investissement	الأنشطة الإستثماريّة
administration des douanes	مصلحة الجمارك
ajouter	يجمع - يزيد - يضمّ
annulation	إلغاء - إبطال
annuler	يلغي - يبطل
appréciation	تقدير
argent	نقود - عملة
assurer	يضمن - يكفل
autorités fiscales	مصلحة الضرائب
banque en faillite	مصرف في حالة إفلاس
bénéficiaire	المدفوع له - المستفيد
bureau	مكتب - وظيفة
calcul	حساب - تقدير - عدّ - إحصاء
candidat	مرشّح لوظيفة أو بعثة أو كلّية
capacité	القابليّة

capacités قدرات قابلة للتطوّر	داخليّة
capacité à rembourser القدرة على السداد	commerce protégé تجارة محميّة
capital رأسمال	compétence كفاءة
capital donné رأس المال الممنوح	compétente - مختصّ - جدير - ذو أهليّة
capital oisif رأسمال عاطل	compétitif تنافسي
classement des attributs du produit تصنيف خصوصية المنتج	complémentaire متمم - مكمل
	compléter تكملة
climat d'investissement مناخ الإستثمار	comptabilité financière المحاسبة الماليّة
	compte annuel الحساب السنوي
commerce المتاجرة - بيع وشراء	compte de profits et pertes حساب الأرباح والخسائر
commerce florissant تجارة مزدهرة	compte personnel حساب شخصي
commerce géré تجارة موجهة	comptes de fin d'année حسابات نهاية السنة
commerce illicite تجارة غير مشروعة	conclusions إستنتاجات
commerce intérieur تجارة	concours منافسة

concurrent منافس	déduire – خصم - خفض
conditions d'un prêt شروط القرض	déduire l'impôt du revenu خصم ضريبة الدخل
conditions de paiement شروط الدفع	dépense – نفقة - مصروف - تكليف
congé d'absence إجازة إداريّة - أذن بالغياب	dépense annuelle مصروف سنوي
congés payés annuels إجازة سنويّة مدفوعة	dépense déductible مصروف يمكن تنزيله - مصروف قابل للخصم
consommer يستنفد - يستهلك	
contrat de propriété عقد تمليك	dépenses diverses مصاريف متنوّعة
coût complet التكلفة الكاملة	dépôt وديعة
coût du produit كلفة الإنتاج	dépôt bancaire مصرف إيداعات
coût total الكلفة الكاملة	
de préférence بتفضيل - بإيثار	désaccords تعارض - خلاف
déclaration إعلان - إقرار	désordre اللخبطة
déclaration de faillite إشعار إفلاس	détérioration التدهور
	développement du secteur privé تنمية القطاع الخاص
déduction خصم - تخفيض	

دين dette	عمل - مشروع - entreprise
واجب - مهمّة devoirs	مؤسسة
توجيهات - تعليمات directives	رجل الأعمال - entrepreneur
القيادة diriger et orienter	منظّم - مالك - مدير
والتوجيه	entreprise compétitive
إخفاء dissimulation	مؤسّسة تنافسيّة
المسافات distances	أجهزة - معدّات équipement
متنوّع divers	تثمين - تقدير estimation
diversification du	estimations des coûts
تنويع محفظة portefeuille	تقديرات التكاليف
القروض	الأخلاق éthique
ضرر dommage	المقيّم évaluateur
فشل - عجز échec	تثمين - تقييم évaluations
علم الإقتصاد économie	قيّم évaluer
éléments exceptionnels	الإستثناء exception
المواد الإستثنائيّة	تنفيذيّ - إجرائيّ - exécutif
موظّف - مستخدم employé	السلطة التنفيذية
قرض إجباري emprunt forcé	إنقضاء - إنتهاء المدّة expiration
طبقا ل - en conformité avec	الصلاحيّة
وفقا ل - تمشيّا مع	تفسير explication

شيك مزوّر faux chèque	ضريبة غير مباشرة impôt indirect
fiabilité - إمكانيّة الاعتماد - الموثوقيّة	impôt réel - ضريبة فعليّة - ضريبة عينيّة
موثوق fiable	impôt sur le transfert de propriété ضريبة على نقل الملكيّة
شركة تابعة filiale	
تمويل financement	
مالي financier	impôt sur les bénéfices ضريبة الأرباح
رجال المال - ممولون financiers	
المرونة flexibilité	indispensable لازم - لامفر منه - لا غنى عنه
مزوّر forger	
النفقة المنتهية frais expiré	
الإندماج fusion	informatique إستعمال الحاسبات
ربح - مكسب gain	intérêt fixe فائدة ثابتة
gains et pertes réalisés مكاسب وخسائر محقّقة	intérêt général مصلحة المجموع
	intérêts dus الفائدة المستحقّة
غاضب - السريع - الإهتياج grincheux	intérêts gagnés الفائدة المكتسبة
identifier يماثل - يطابق - يعيّن - الهويّة	investissement إستثمار
	légalité, loi قانون
identité هويّة - تماثل - تطابق	législation التشريع

liquidation obligatoire تصفية إجباريّة	montant absolu قيمة مطلقة
locataire مستأجر	montant réel - المبلغ الفعلي - القيمة الحقيقيّة
logiciels برامج الكمبيوتر الجاهزة	niveau de pauvreté مستوى الفقر
lourde perte خسارة جسيمة	nom de l'entreprise إسم تجاري
malicieusement - عدائي بطريقة عدائيّة	non négociable غير قابل للتفاوض
manipuler تلاعب ب - ناور في السوق التجاريّة للتأثير على الأسعار	normes éthiques المعايير الأخلاقيّة
marché concurrentiel سوق تنافسي	obligations الإلتزامات
masquer كتم - أخفى - حجب	offre عرض - عطاء
maîtrise براعة	ouvrir un compte يفتح حسابا
mérite جدارة - إستحقاق - أهليّة	partie concernée طرف صاحب مصلحة - طرف مذكور
mesures de protection إجراءات وقائيّة	pays riche en ressources بلد غني بالموارد
meubles منقولات - أثاثات	performance الأداء
modèle de compétences نموذج كفاءة	périodiquement دوريّا - في

فترات منتظمة	permanent	عنه أو عليه - مفروض	
دائم - مستمرّ - باق	permanent	قرض عام	prêt public
خسارة فعلية	perte réelle	ذو إمتياز	privilégié
سياسة غذائيّة	politiques alimentaires	سعر افتراضي - سعر تقديري	prix estimé
شعبيّة	popularité	إحتمال - أرجحيّة	probabilité
محفظة أوراق ماليّة - محفظة كمبيالات	portefeuille	محتمل	probable
الإمكانيّة	potentiel	الإجراءات	procédures
ضبط - دقّة	précision	إنتاج السوق	production marchande
مقدّر سلفا - مقرّر سلفا	prédéterminé	منتج	produit
تنبؤ	prédiction	مالك - صاحب الشيئ	propriétaire
التفضيلات	préférences	ملكيّة - تمليك	propriété
حضور - مثول - وجود	présence	ملك خاص	propriété privée
قرض طويل الأجل	prêt à long terme	ممتلكات - خصائص	propriétés
برهان - دليل - شهادة - سند	preuve	نوعي	qualitative
		نوع - صنف	qualité
محدّد - مقرّر - منصوص	prévue	كمّيّ	quantitative
		كمّيّة	quantité

questions mineures الأمور البسيطة	rentabilité الربحيّة
rachat يعيد الشراء	répartir يوزّع
réduction - تخفيض - تنزيل - تنقيص	répartition التوزيع - التقسيم
réduction des dépenses تخفيض النفقات	représentant مندوب
réduction des impôts تخفيض الضرائب	respect des contrats et des lois إحترام العقود والقوانين
réduction des ventes خصم المبيعات	résultat après impôt ربح بعد الضريبة
refinancement - إعادة تمويل - قرض يعاد تمويله	résultat avant impôt دخل قبل الضرائب
refuser ينكر - يرفض	réunion annuelle إجتماع سنوي
règlements - أنظمة إداريّة - قوانين محلّيّة	revenu دخل - إيراد - ضريبة
remboursement de l'emprunt إسترداد قرض	revenu annuel - دخل سنوي - إيراد سنوي
rembourser يستردّ - يردّ	revenus du portefeuille دخل المحفظة
remerciements الإقرارات	salaire راتب
	stabilité économique إستقرار إقتصادي

stratégie	إستراتيجيّة
système économique	نظام إقتصادي
taxe professionnelle	ضريبة المهن
taxe sur les salaires	ضريبة على الأجور
temps d'inactivité	وقت الخمول - توقّف العمل
théorie économique	نظريّة إقتصاديّة
transaction	معاملة - عمليّة ماليّة
valable	شرعيّ - قانونيّ - ساري المفعول - صالح للإستعمال
valeur actuelle	القيمة الحاليّة
valeur économique	القيمة الإقتصاديّة
valeur prédictive	القيمة التنبؤيّة
validation	التصديق
validité	الصلاحيّة
valorisation	تثمين - تقويم
ventes	مبيعات
ventes annuelles	المبيعات السنويّة
ventes attendues	المبيعات المتوقّعة

18. Les émotions, les traits de caractère

العواطف، الصفات

actif, énergétique نشيط ج نشطاء
affectueux حنون
agréable - ظرف ج ظرفاء لطيف ج لطاف
aimant محبّ
alerte, réveillé فائق
amertume مرارة
amour حبّ
aspirer اشتاق
avare بخيل
avide طماع
avoir honte, être embarrassé - إختشى يختشي خجل يخجل
avoir peur خاف يخاف - خشى يشخى
avoir sommeil نعسان
blâmer لام يلوم
brave شجاع
calme هادئ
choqué مذهول
combattre, se quereller خانق يخانق
confiant ب واثق
confondre حيّر يحيّر
confortable, détendu مرتاح
confus حائر
contenu, satisfait راضي
crier صرخ يصرخ
cruel قاس ج قساة
curieux فضولي
décisif حاسم

dégoûté par مشمئزّ من	émotionnel, sentimental عاطفي
dépensier مسرف	ennuyé متضايق
déprimé مكتئب	ennuyer ضايق يضايق - أزعج يزعج
désespoir يأس	
désirs شوق	ennuyeux, fastidieux d'être autour de مملّ - مضجر
désordonné غير منظّم	
déterminé مصمّم	envier حسد يحسد
discuter جادل يجادل	envieux حسود ج حسد
disgrâce, scandale جرسة ج جرس	escroc نصّاب - محتال
	espérer تمنّى يتمنّى
doux, sensible رقيق ج رقاق	étonné par - إستغرب يستغرب إندهش يندهش
drôle مضحك	
effrayé خائف	étonné, surpris - مندهش من مستغرب من
effrayer (quelqu'un) أخاف يخيف	
	étonner أدهش يدهش
égoïste, vaniteux - أنانيّ مغرور	être audacieux, avoir le courage جرئ
embarrasser أحرج يحرج	être cruel envers قسا يقسو على
embrasser قبل يقبل	
émotion عاطف ج عواطف	

être dégoûté إشمأزّ يشمأزّ	grogner, se plaindre تذمّر يتذمّر
être déshonoré, être l'objet d'un scandale إنفضح ينفضح	gronder أنب يؤنب
être fier de إفتخر يفتخر	haine كراهيّة
être jaloux de غار يغير	hésitant متردد
être patient avec صبر يصبر على	heureux سعيد ج سعداء
étreindre حضن يحضن	honnête, digne de confiance نزيه ج نزهاء - أمين ج أمناء أمانة
fâché, en colère غاضب	
fatigué متعب	honorable شريف ج شرفاء
ferme حازم	humble متواضع
fier فخور	idiot, insensé, simple d'esprit أهبل ج هبلاء - عبيط ج عبطاء - سخيف
fou مجنون ج مجانين	
froncer les sourcils, faire une moue تجهم يتجهم	ignorant جاهل ج جهلاء
frugal مقتصد	impoli, grossier غير مؤدّب
génial عبقريّ ج عباقرة	imprudent متهور
généreux كريم ج كرام	indifférent غير مبال
gentil, bon طيّب - شفوق	inquiet قلق يقلق
glouton فجعان	inquiéter quelqu'un أقلق يقلق

inquiétudes هموم	négligent مهمل
intelligent, brave نبيه ج نبهاء - ذكيّ ج أذكياء - شاطر ج شاطرون	nerveux عصبيّ
	noble نبيل ج نبلاء
	occupé مشغول
intrépide جسور	optimiste متفائل
isolé معزول	panique, terreur ذعر
irritable, nerveux عصبي	pardonner سامح يسامح
jaloux غيّور ج غير	paresseux كسول
joyeux فرحان - مرح	passion هيام - عشق
lâche جبان ج جبناء	permettre سمح
larme دمع ج دموع	personnalité شخصيّة ج شخصيّات
maladroit أخرق - غير بارع	pessimiste متشائم
malin بارع	pleurer بكى يبكي
méchant سخيف ج سخفاء - غبيّ	poli مؤدب
menteur كذّاب	raisonnable, sain d'esprit عاقل ج عقلاء
mentir كذب يكذب	
misérable, pauvre مسكين ج مساكين - تعيس ج تعساء	rassurer طمأن يطمئن
moderne حديث	ravi مسرور
naïf ساذج ج سذاج	regretter ندم يندم

repentir, triste, contrit نادم	sensible حسّاس
rire ضحك يضحك	sentiment شعر ج شعور
ruiné مفلّس	sentir شعر يشعر
rusé, sournois, trompeur مكّار - خبيث	silencieux سكوت
	sociable إجتماعيّ
s'excuser إعتذر يعتذر	solitaire وحيد
s'habituer à تعوّد يتعوّد	solitude وحدة
sage حكيم ج حكماء - عاقل	soupirer تنهّد يتنهّد
sarcastique تهكميّ - ساخر	sourire إبتسم يبتسم
se calmer هدأ يهدأ	stupéfait مندهش
se contenter, être satisfait de رضى يرضى	sympathiser avec عطف يعطف
se fâcher غضب يغضب - تضايق يتضايق	tendu, nerveux متوتّر
	têtu عنيد ج عند
se fatiguer تعب يتعب	timide خجول
se plaindre de شكى يشكو من	tolérant, doux حليم ج حلماء
se relaxer, se reposer إستراح يستريح	trahir, agir avec perfidie غدر يغدر - خان يخون
se résigner à إستكان يستكين	traître غدّار
se vanter تباهى يتباهي ب	travailleur مجتهد

triste حزين
tromper خدع يخدع
tumultueux مشاغب
unique فريد
vaniteux, arrogant مغرور
véridique صادق
vilain, malicieux, galopin
شقيّ ج اشقياء

www.ingramcontent.com/pod-product-compliance
Lightning Source LLC
Chambersburg PA
CBHW060159050426
42446CB00013B/2909